Réussir le TCF

Pour l'accès à la nationalité française

Céline Chabert
Nathalie Duplaissy

didier

Avant-propos

Vous voulez demander la nationalité française et vous préparer au Test de Connaissance du Français ? Cet ouvrage est fait pour vous. Il vous aidera à comprendre le test, à vous préparer aux épreuves et à vous entraîner à répondre aux questions du test.

Réussir le TCF s'accompagne d'un DVD et d'un CD

Grâce aux vidéos du DVD :
- vous verrez comment se déroulent les deux épreuves de compréhension orale et d'expression orale ;
- vous aurez des exemples concrets et commentés des réponses attendues à l'épreuve d'expression orale.

Avec le CD :
- vous prendrez connaissance du déroulement réel de l'épreuve de compréhension orale ;
- vous travaillerez avec des documents sonores équivalents à ceux de l'épreuve de compréhension orale.

Réussir le TCF s'organise autour de plusieurs parties

• Une partie **S'informer sur le TCF** et **le TCF pour l'accès à la nationalité française**, pour mieux comprendre ce test et à quoi il sert.

• Les parties **Compréhension orale** et **Expression orale** où les épreuves sont étudiées selon une approche progressive en trois temps :
- **Comprendre l'épreuve**
- **Se préparer**
- **S'entraîner**

Cette progression se base sur de nombreux exercices et sur une méthodologie qui vous aideront à devenir autonome et efficace lors des épreuves.

• Un dossier socio-culturel **(La France, c'est...)** qui a un double objectif :
- enrichir votre connaissance de la France et vous apporter le vocabulaire et les idées utiles pour votre conversation avec l'examinateur lors de l'épreuve d'expression orale ;
- vous aider à comprendre les documents sonores de l'épreuve de compréhension orale.

• Des **tests blancs**, pour vous mettre dans les mêmes conditions que celles de l'examen :
- deux tests blancs de compréhension orale ;
- deux tests blancs d'expression orale.

• Les **corrigés** qui se composent :
- des réponses aux exercices ;
- des exemples de réponses attendues ;
- des transcriptions des vidéos et des documents sonores ;
- des commentaires de l'évaluateur sur les candidats présentés dans les vidéos.

Nous espérons que cet ouvrage vous aidera à obtenir le niveau B1, et que vous aurez plaisir à le découvrir et à le pratiquer. Tout comme nous avons eu plaisir à vous le préparer. Recevez tous nos vœux de succès dans vos démarches !

Les auteures

SOMMAIRE

S'informer sur le TCF 5

Le TCF pour l'accès à la nationalité française 6

COMPRÉHENSION ORALE 8

Se situer 9

Comprendre l'épreuve 10

Se préparer 12

S'entraîner 28

EXPRESSION ORALE 42

Se situer 42

Comprendre l'épreuve 44

Se préparer 48

S'entraîner 60

TESTS BLANCS 62

LA FRANCE, C'EST 79

CORRIGÉS 92

S'informer sur le TCF

Qu'est-ce que le TCF ?
Le test de connaissance du français, le TCF, est un test de niveau linguistique des ministères français de l'Éducation nationale et de l'Enseignement supérieur et de la Recherche. Il permet de certifier votre niveau général de langue française.

Quels sont les niveaux de langues évalués par le TCF ?
Le TCF évalue six niveaux de connaissance du français, définis selon le *Cadre européen commun de référence pour les langues* du Conseil de l'Europe.

Où passer le TCF ?
Contactez des centres agréés proches de chez vous pour connaître les dates, les tarifs et les modalités de passation. Il existe environ 700 centres agréés dans le monde, en France et à l'étranger. Pour obtenir les coordonnées de ces centres, consultez le site du CIEP : http://www.ciep.fr/tcf/annuaire_centres.php
Informez-vous sur le déroulement des épreuves, sur leur contenu, sur la durée de chaque épreuve, sur le format de la feuille de réponses : cf. page 34 du manuel du candidat téléchargeable sur le site du CIEP : http://www.ciep.fr/tcf/document/manuel_candidat.PDF

Quelle version du TCF choisir ?
Il existe quatre versions du TCF, chaque version répond à un besoin d'évaluation différent :

- **le TCF tout public** : pour des besoins académiques (poursuivre des études dans des établissements d'enseignement supérieur français), professionnels (intégrer une entreprise, un ordre professionnel ou une organisation internationale) ou personnels (situer son niveau de français).

- **Le TCF pour l'accès à la nationalité française** : fait partie des modalités d'acquisition de la nationalité française fixées par le décret de 2011.

- **Le TCF pour le Québec** : pour la constitution d'un dossier d'immigration au Québec selon les prérogatives du ministère de l'Immigration et des Communautés culturelles.

- **Le TCF pour la demande d'admission préalable (DAP)** : pour intégrer un 1er cycle universitaire ou une école d'architecture en France, suite à l'arrêté ministériel de 2003.

Quels sont les niveaux de langues évalués par le TCF ?

6 600 à 699	**Supérieur avancé** Excellente maîtrise de la langue. La personne comprend sans effort pratiquement tout ce qu'elle lit ou entend et peut tout résumer de façon cohérente. Elle s'exprime très couramment et de façon différenciée et nuancée sur des sujets complexes.	**C2**
5 500 à 599	**Supérieur** Bonne maîtrise de la langue. La personne peut comprendre une grande gamme de textes longs et exigeants comportant des contenus implicites. Elle s'exprime couramment et de façon bien structurée sur sa vie sociale, professionnelle ou académique et sur des sujets complexes.	**C1**
4 400 à 499	**Intermédiaire avancé** Maîtrise générale et spontanée de la langue. La personne peut comprendre l'essentiel d'un texte complexe. Elle peut participer à une conversation sur un sujet général ou professionnel de façon claire et détaillée en donnant des avis argumentés.	**B2**
3 300 à 399	**Intermédiaire** Maîtrise efficace mais limitée de la langue. La personne comprend un langage clair et standard s'il s'agit d'un domaine familier. Elle peut se débrouiller en voyage, parler de ses centres d'intérêt et donner de brèves explications sur un projet ou une idée.	**B1**
2 200 à 299	**Élémentaire avancé** Maîtrise élémentaire de la langue. La personne peut comprendre des phrases isolées portant sur des domaines familiers. Elle peut communiquer dans des situations courantes, et évoquer avec des moyens simples des questions qui la concernent.	**A2**
1 100 à 199	**Élémentaire** Maîtrise de base du français. La personne est capable de comprendre des situations simples et concrètes se rapportant à la vie quotidienne. Elle peut communiquer de façon simple si l'interlocuteur parle lentement.	**A1**

Le TCF pour l'accès à la nationalité française

Cette version du TCF vous permet de certifier votre **niveau de français général oral** pour déposer une **demande de naturalisation** auprès d'une préfecture en France ou d'un consulat français à l'étranger.

Selon les dispositions introduites par le ministère français de l'Intérieur (décret 2011-1265 du 11 octobre 2011), tout postulant à la nationalité française doit avoir atteint le niveau B1 à l'oral (compréhension et expression orale) en français.

Pour en savoir plus sur la demande de naturalisation :
http://vosdroits.service-public.fr/F15832.xhtml#N100E8

Les épreuves

	Nombre de questions et niveaux évalués	**Durée de l'épreuve**	**Modalité de passation**
Épreuve de compréhension orale	30 questions Niveaux **A1 à C2**	25 minutes sans préparation	Salle d'examen collective
Épreuve d'expression orale	6 questions Niveaux **A1 à C2**	15 minutes sans préparation	Entretien individuel

L'épreuve de compréhension orale peut être proposée :

- sur **support papier** (livret du candidat + feuille de réponses + stylo à encre noire) : le candidat reçoit un livret et une feuille de réponses au début de l'épreuve de compréhension. Il doit cocher sa réponse pour chaque question posée à l'aide d'un stylo à bille noir (non fourni) ;
- sur **support informatique** : chaque candidat est installé devant un ordinateur. Il doit cliquer sur un bouton sa réponse pour chaque question posée dans les épreuves de compréhension. Le candidat dispose d'un casque.

L'épreuve d'expression orale se déroule sous forme d'un entretien, en face à face avec un examinateur/une examinatrice. Cet entretien est enregistré.

Quelques conseils généraux

Pour la compréhension orale :
- Écoutez et regardez des émissions de radios et de télés francophones.
- Entraînez-vous à mémoriser des informations quand vous écoutez une émission ou une conversation, notez les mots et les idées clés du document.
- Entraînez-vous à rester concentré(e) pendant au moins 30 minutes.
- Pendant l'écoute d'une émission, entraînez-vous à imaginer quelles questions pourraient être posées sur ce document.
- Pendant l'écoute d'une émission ou d'une conversation, entraînez-vous à identifier rapidement la situation de communication : Qui parle à qui ? Comment ? Pour quoi faire ?

Pour l'expression orale :
- Entraînez-vous à parler de manière continue le plus longtemps possible.
- Entraînez-vous à structurer votre prise de parole.
- Entraînez-vous à parler en face à face avec une personne et à alimenter la conversation.

Pendant l'épreuve de compréhension orale :
- Lisez et écoutez attentivement les consignes.
- Essayez de répondre à toutes les questions.
- Gérez votre temps : ne cherchez pas à répondre à la question précédente si vous entendez le signal sonore qui annonce le document suivant.

Pendant l'épreuve d'expression orale :
- Écoutez attentivement les consignes de l'examinateur.
- Faites-lui répéter une consigne et posez-lui des questions si vous n'êtes pas certain(e) d'avoir bien compris la question ou la consigne.
- L'examinateur est là pour vous aider à parler : signalez-lui immédiatement et explicitement vos difficultés, par exemple si le sujet ne vous inspire rien du tout ou si vous ne comprenez pas un mot.
- Restez concentré(e) sur votre sujet, évitez de parler à côté du sujet.

COMPRÉHENSION ORALE

se situer

Avec *Réussir le TCF*, vous allez **vous préparer et vous entraîner au test de compréhension orale, et progresser en français**.

Commencez tout d'abord par **estimer votre niveau** :

1. Avant de commencer votre préparation (**Se préparer**, page 12), faites le **test blanc n°1**, page 63.
2. Avant l'entraînement, (**S'entraîner**, page 28), répondez une nouvelle fois aux questions du **test blanc n°1**.

Ces deux étapes vous permettront de vous évaluer, de comprendre vos points forts et vos points faibles, pour mieux progresser.

Comment interpréter vos résultats ?
Vérifiez vos réponses au test blanc n°1 avec les corrigés (pages 114 et suivantes). Comptez le nombre de bonnes réponses et établissez la correspondance avec le niveau estimé grâce à ce tableau :

bonnes réponses	niveau estimé
0	inférieur à A1
1 à 2	A1
3 à 5	A1/A2
6 à 12	A2/B1
13 à 19	B1/B2
20 à 24	B2/C1
25 à 28	C1/C2
29 à 30	C2

Attention, vos résultats aux tests blancs sont une indication sur votre niveau de français général, ils ne correspondent pas forcément à ceux que vous obtiendriez au test du TCF avec des items calibrés.

Conseil :
Ne faites pas le test blanc n°2 trop vite : vous le ferez après avoir fait tous les exercices proposés dans l'entraînement (**S'entraîner**, page 28).

COMPRÉHENSION ORALE

comprendre l'épreuve

➡ L'ÉPREUVE DE COMPRÉHENSION ORALE

L'épreuve de compréhension orale du TCF comprend 30 questions.
Les questions sont de difficulté croissante, depuis le niveau A1 jusqu'au niveau C2 du cadre européen.

A1	A2	B1	B2	C1	C2
30 questions : du plus simple au plus compliqué					

Elles se présentent sous la forme d'un questionnement à choix multiple (QCM), c'est-à-dire que pour chaque question quatre réponses sont proposées et une seule est correcte.

➡ LES CINQ TYPES DE QUESTIONS

1er type de question
Une question basée sur l'**observation d'un dessin** avec les **réponses au choix à écouter**.

2e type de question
Une question basée sur l'**écoute d'un document sonore** avec les **réponses au choix sous forme de dessins**.

3e type de question
Une question basée sur l'**écoute d'un document sonore** avec les **réponses au choix à écouter**.

4e type de question
Une question basée sur l'**écoute d'un document sonore** avec les **réponses au choix à lire**.

5e type de question
Deux questions basées sur l'**écoute d'un document sonore** avec les **réponses au choix à lire**.

Dans le test, les questions sont regroupées par type et par niveau de difficulté.
À chaque type de question correspond une consigne. Le tableau ci-après associe chaque type de question à sa consigne et aux niveaux du cadre européen.

	1er type de question	2e type de question	3e type de question	4e type de question	5e type de question
Consignes	Écoutez les quatre propositions. Choisissez celle qui correspond à l'image.	Écoutez et choisissez l'image qui correspond au document sonore.	Écoutez l'extrait sonore et les quatre propositions. Choisissez la bonne réponse.	Écoutez le document sonore et la question. Choisissez la bonne réponse.	Écoutez le document sonore et les questions. Pour chaque question, choisissez la bonne réponse.
Niveaux	A1, A2	A1, A2	A1, A2	A1, A2 (rare) B1, B2, C1, C2	B1 (très rare) B2, C1, C2 (rare)

➡ LES DOCUMENTS SONORES

Les documents à écouter présentent des exemples du français parlé dans des situations de la vie quotidienne et du monde professionnel tel qu'on peut l'entendre en France ou dans un pays francophone.

Une partie de ces documents provient de médias de communication internationale.

Dans le test, vous n'entendrez jamais d'accent francophone très marqué ou d'expressions spécifiques d'une zone francophone.

Vous entendrez les documents sonores et les questions une seule fois.

➡ LES COMPÉTENCES ATTENDUES

Les questions testent vos capacités à comprendre le français parlé dans la vie quotidienne ou au travail :
- mots et expressions fréquents dans des situations de communication courantes (dialogues, interviews, entretiens, discussions au téléphone, etc.) ;
- messages et annonces simples et claires ;
- informations et points de vue sur des personnes, des faits ou des événements dans des émissions de radio ou de télévision, sur l'actualité ou sur des sujets personnels ou professionnels ;
- exposés sur des sujets concrets ou abstraits ;
- discours prononcés à un débit courant.

➡ CONSEILS DE MÉTHODE

Pour tous les types de questions, interrogez-vous sur la situation présentée dans le document, que ce soit un document iconographique (dessin) ou un document sonore.

> Lors de l'épreuve, les dessins des questions de type 1 et 2 sont en noir et blanc comme sur les tests blancs fournis en page 62 et suivantes.

Pour chaque document, demandez-vous : Qui ? Quoi ? Quand ? Où ? Comment ?

Donnez-vous toujours le temps de cette réflexion avant d'écouter la question posée.

Voici la méthode à suivre pour répondre aux questions :
1. Observez ou écoutez la ou les situations présentée(s).
2. Faites des hypothèses sur ce qu'il se passe et, lorsqu'il y a plusieurs documents, comparez-les.
3. Écoutez ou lisez les propositions de réponse pour vérifier les hypothèses.
4. Répondez = cochez la bonne réponse.

Essayez de répondre à toutes les questions, même à celles qui vous semblent très difficiles.

> Vous apprendrez à utiliser cette méthode dans la partie **Se préparer**.

 Regardez et écoutez attentivement la présentation de l'épreuve.

11

COMPRÉHENSION ORALE

se préparer

Conseils
Vous allez maintenant vous préparer progressivement aux cinq types de questions qui composent une épreuve de compréhension orale du TCF. Dans un premier temps, vous allez découvrir la méthode proposée pour trouver la bonne réponse **(Découvrez la méthode)**. Ensuite, ce sera à vous de répondre à une question de même type en appliquant la méthode **(C'est à vous !)**.

1er type de question | Écoutez les quatre propositions. Choisissez celle qui correspond à l'image.

→ **Découvrez la méthode**

QUESTION 1

L'exercice proposé est basé sur une question de niveau A2. Prenez connaissance de la question puis suivez les étapes de la méthode proposée.

Vous voyez	Vous écoutez	Vous cochez
[image]	CD 1	☐ A ☐ B ☐ C ☐ D

Étape 1
Observez l'image pour identifier la situation.

En rose, les mots clés pour la bonne réponse.

1. Que voit-on sur l'image ? Qui ? Quoi ?
Deux femmes et un enfant dans une poussette ; un vendeur de fruits et légumes ; des personnages secondaires en arrière-plan.

2. Que font ces personnes ?
Les deux femmes se regardent. La femme qui conduit la poussette a un bras tendu vers le vendeur et son étalage de fruits et légumes. Elle parle à la femme qui l'accompagne.

3. Quand a lieu la scène ?
Dans la journée, à l'heure du marché.

4. Où se passe la scène ?
Sur un marché en plein air : lieu public. On voit des étalages de commerce en arrière plan.

12

5. Comment sont les personnes ? Souriantes ? Tristes ? Normales ?...
Les deux femmes sont souriantes. Les autres personnages ont des expressions neutres.
→ Quelle est la situation ? Deux femmes se promènent sur un marché en se parlant.

Étape 2
À partir des mots clés, faites des hypothèses sur le thème de la conversation.
Les deux femmes parlent du vendeur et de son étalage.

Étape 3
Écoutez pour vérifier vos hypothèses.

Écoutez bien, une seule écoute !

1. D'après l'analyse de l'image, la bonne réponse est :
B. « Tu connais ce vendeur de fruits et légumes ? »

2. Pourquoi les autres réponses ne sont pas possibles ?
- La réponse A « Tu achètes le pain ici ? » n'est pas possible, on ne voit pas de boulangerie sur le dessin.
- La réponse C « Tu m'accompagnes au marché ? » n'est pas possible, les femmes qui parlent se trouvent déjà ensemble sur le marché.
- La réponse D « Tu viens souvent dans cette boucherie ? » n'est pas possible, les deux femmes ne se trouvent pas devant ou dans une boucherie, elles ne sont pas tournées vers la boucherie qu'on aperçoit dans le fond de l'image.

→ **C'est à vous !**

| **QUESTION 2** | *Appliquez la méthode pour trouver la réponse à la question 2 de niveau A1. Les solutions sont dans le corrigé p. 92.* |

Vous voyez	**Vous écoutez**	**Vous cochez**
	CD 2	☐ A ☐ B ☐ C ☐ D

Étape 1
Observez l'image pour identifier la situation.

1. Qui ?
....
....
....

COMPRÉHENSION ORALE

2. Quoi (objets, action) ?
....
....

3. Quand ?
....
....
....

4. Où ?
....
....

5. Comment (expressivité) ?
....
....
....

➔ Quelle est la situation ?
....
....
....

Étape 2
Faites des hypothèses sur le thème de la conversation.
....
....
....

Étape 3
Écoutez pour vérifier vos hypothèses.   *Écoutez bien ! Une seule écoute !*

1. D'après l'analyse de l'image page 13, la réponse est :
....
....
....

2. Pourquoi les autres réponses ne sont pas possibles ?
....
....
....

| 2ᵉ type de question | Écoutez et choisissez l'image qui correspond au document sonore. |

→ **Découvrez la méthode**

L'exercice proposé est basé sur une question de niveau A2. Prenez connaissance de la question puis suivez les étapes de la méthode proposée.

QUESTION 3

Vous voyez	Vous écoutez	Vous cochez
A B C D (images)	CD 3	☐ A ☐ B ☐ C ☐ D

Étape 1
Observez les quatre images pour identifier les situations.

En rose, les mots clés pour la bonne réponse.

Dessin A
1. Qui ? Deux hommes et deux femmes : deux couples d'amis.
2. Quoi ? Ces personnes dansent.
3. Quand ? On ne sait pas, probablement le soir.
4. Où ? Dans une boîte de nuit.
5. Comment ? Ils ont l'air gai et détendu. Ils donnent l'impression de s'amuser.

Dessin B
1. Qui ? Deux hommes et deux femmes : deux couples d'amis.
2. Quoi ? Ces personnes patinent.
3. Quand ? Le soir, car il y a des éclairages artificiels et le ciel est sombre.
4. Où ? Dans une patinoire.
5. Comment ? Ils ont l'air gai et détendu. Ils donnent l'impression de s'amuser.

Dessin C
1. Qui ? Deux hommes et deux femmes : deux couples d'amis.
2. Quoi ? Ces personnes sont en train de jouer à un jeu de société.
3. Quand ? Probablement le soir car les lumières sont allumées dans la pièce.
4. Où ? Dans le salon d'un appartement ou d'une maison.
5. Comment ? Ils ont l'air gai et détendu. Ils donnent l'impression de s'amuser.

Dessin D
1. Qui ? Deux hommes et deux femmes : deux couples d'amis.
2. Quoi ? Ces personnes sont en train de dîner.
3. Quand ? Probablement le soir car les lumières sont allumées dans la pièce.
4. Où ? Dans la salle à manger d'un appartement ou d'une maison.
5. Comment ? Ils ont l'air gai et détendu. Ils donnent l'impression de s'amuser.

COMPRÉHENSION ORALE

Étape 2
Cherchez les éléments communs et les différences entre les quatre situations.

1. Points communs :
- les quatre personnages : deux hommes et deux femmes qui forment deux couples d'amis ;
- le soir ;
- l'air gai et détendu, les personnes donnent l'impression de s'amuser.

2. Différences :
- les activités de loisir ;
- les lieux.

Étape 3
Faites des hypothèses sur la question posée et sur le thème du document sonore.
Les activités des deux couples : « Qu'ont fait les deux couples d'amis ? »

Étape 4
Écoutez pour vérifier vos hypothèses.

> Attention ! Vous entendez la question après l'écoute du document.

1. La question posée est « Comment les deux couples ont-ils passé la soirée ? »
2. La bonne réponse est C « Ils ont joué après le dîner chez Alexia et Gilles. » (Ils ne sont allés ni à la discothèque, ni à la patinoire, et ils n'ont pas dîné chez Zachary et Rosalie.)

→ **C'est à vous !**

QUESTION 4

> Appliquez la méthode pour trouver la réponse à la question 4 de niveau A1. Les solutions sont dans les corrigés p. 92.

Vous voyez	Vous écoutez	Vous cochez
	CD 4	☐ A
		☐ B
		☐ C
		☐ D

Étape 1
Observez les quatre images pour identifier les situations.

Dessin A
1. Qui ? ....
....
2. Quoi ? ....
....
3. Quand ? ....
4. Où ? ....
....
5. Comment ? ....
....

Dessin B
1. Qui ? ....
....
2. Quoi ? ....
....
3. Quand ? ....
4. Où ? ....
....
5. Comment ? ....
....

Dessin C
1. Qui ? ....
....
2. Quoi ? ....
....
3. Quand ? ....
4. Où ? ....
....
5. Comment ? ....
....

Dessin D
1. Qui ? ....
....
2. Quoi ? ....
....
3. Quand ? ....
4. Où ? ....
....
5. Comment ? ....
....

COMPRÉHENSION ORALE

Étape 2
Cherchez les éléments communs et les différences entre les quatre situations.

1. Points communs :

– les ... personnages

– ....

– ....

2. Différences :

– ....

– ....

Étape 3
Faites des hypothèses sur la question posée et sur le thème du document sonore.

1. Quel peut être le thème du document sonore ?
....
....

2. Quelle peut être la question posée ?
....
....

Étape 4
Écoutez pour vérifier vos hypothèses.

1. La question posée est :
....
....

2. La bonne réponse est :
....
....

18

3ᵉ type de question

Écoutez l'extrait sonore et les quatre propositions. Choisissez la bonne réponse.

→ **Découvrez la méthode**

QUESTION 5

L'exercice proposé est basé sur une question de niveau A2. Prenez connaissance de la question puis suivez les étapes de la méthode proposée.

Vous écoutez	Vous cochez
CD 5	☐ A ☐ B ☐ C ☐ D

Étape 1
Écoutez attentivement l'extrait sonore pour identifier la situation.

1. Qui parle ? (homme/femme ; jeune/adulte/vieux) : *Une femme adulte, la quarantaine.*
2. De quoi parle la personne ? *D'un rendez-vous.*
3. Ce rendez-vous aura lieu quand ? *Le jour même dans l'après-midi.*
4. Où se trouve cette personne ? Quels bruits entendez-vous ? *Fond sonore de bureau.*
5. Comment ?
- Sur quel ton (amical/poli/familier/enthousiaste/triste/neutre/etc.) la femme parle-t-elle ? *Poli et neutre.*
- Quel est le registre (familier/standard/formel) ? *Standard.*
- Quel type de phrase (question/ordre/expression pour dire bonjour ou au revoir/etc.) entendez-vous ? *Une question.*

→ Quelle est la situation ?
Une responsable demande confirmation, à son assistant Alphonse, d'un rendez-vous programmé à 15h30 avec monsieur Tremblay.

Étape 2
Faites des hypothèses sur l'interaction possible dans cette situation.

Réponse possible d'Alphonse au sujet du rendez-vous programmé à 15h30 avec monsieur Tremblay :
1. *Positive, du type* « Oui, je l'ai eu au téléphone, il m'a confirmé sa venue. »
2. *Négative, du type* « Il a téléphoné ce matin, il a dit qu'il ne pourrait pas venir. »
3. *Entre les deux, du type* « Il m'a prévenu qu'il aurait un retard de 15 minutes, il a un problème de transport. »

Étape 3
Écoutez attentivement les quatre propositions.

La bonne réponse est *A* « Tout à fait, il vient pour un entretien d'embauche. »

> **Attention !** Vous devez faire les trois étapes en un seul temps. Il n'y a pas de pause au cours de l'écoute de l'extrait sonore et des quatre propositions.

COMPRÉHENSION ORALE

→ **C'est à vous !**

QUESTION 6

Appliquez la méthode pour trouver la réponse à la question 6 de niveau A1. Les solutions sont dans le corrigé p. 93.

Vous écoutez	Vous cochez
CD 6	☐ A ☐ B ☐ C ☐ D

Étape 1
Écoutez attentivement l'extrait sonore pour identifier la situation.

1. Qui parle (homme/femme ; jeune/adulte/vieux) ? ....
....

2. De quoi parle la personne ? ....
....

3. Quand ? ....
....

4. Où se trouve cette personne ? Quels bruits entendez-vous ? ....
....

5. Comment ?
- Sur quel ton (amical/poli/familier/enthousiaste/triste/neutre, etc.) cette personne parle-t-elle ? ....
....

- Quel est le registre (familier/standard/formel) ? ....
....

- Quel type de phrase (question/ordre/expression pour dire bonjour ou au revoir, etc.) entendez-vous ? ....
....

Étape 2
Faites des hypothèses sur l'interaction possible dans cette situation.
....
....

Étape 3
Écoutez attentivement les quatre propositions.
La bonne réponse est ....
....

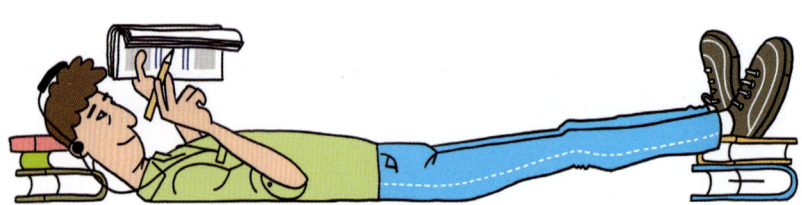

20

4ᵉ type de question | Écoutez le document sonore et la question. Choisissez la bonne réponse.

→ Découvrez la méthode

> L'exercice proposé est basé sur une question de niveau B1. Prenez connaissance de la question puis suivez les étapes de la méthode proposée.

QUESTION 7		
Vous lisez	**Vous écoutez**	**Vous cochez**
A. Lui préparer une partie de ses bagages.	CD 7	☐ A
B. Lui porter ses sacs qui sont très lourds.		☐ B
C. Lui retrouver des dossiers perdus.		☐ C
D. Lui poster un document administratif.		☐ D

Étape 1

Lisez les quatre propositions : repérez leurs points communs.

1. Verbes d'action : « lui préparer » / « lui porter » / « lui retrouver » / « lui poster » = Il s'agit de faire quelque chose.
2. Pronom « lui » présent dans les 4 propositions = À quelqu'un ou pour quelqu'un.
3. Objets : « bagages » / « sacs » / « dossiers » / « document administratif » = Il s'agit d'un départ.

Étape 2
Faites des hypothèses.

1. Sur le thème possible du document sonore : un départ en voyage.
2. Sur le type de document sonore : conversation, message sur répondeur, etc.
3. Sur la question possible : la question peut porter sur une action liée à un départ en voyage (« bagages » / « sacs » / « dossiers » / « document administratif ») du type « faire quelque chose pour quelqu'un ».

Étape 3
Écoutez le document sonore et vérifiez vos hypothèses. Notez ou mémorisez les mots clés lors de l'écoute !

> Attention ! Vous entendez la question après l'écoute du document.

1. Type de document : une conversation entre deux amis, un homme et une femme adultes : ils se disent « tu », ils s'appellent par leurs prénoms : « Lionel, enfin ! », ils s'entraident : « Je t'aide ? » / « Est-ce que tu pourras… ? »
2. Hypothèse possible : il s'agit d'un couple.
3. Expressions entendues :
- autour du voyage/départ :
Lui : « tes affaires sont prêtes ? » / « Combien de valises ? »
Elle : « je ne pars que trois jours » / « ranger mes papiers personnels »
- autour de l'action :
Elle : « partir » / « ranger » / « aller récupérer » / « envoyer à mon travail »
Lui : « aider » / « chercher » / « travailler »

→ Quelle est la situation ? Une femme est en train de préparer ses bagages. L'homme lui propose de l'aider. Elle refuse mais lui demande de faire quelque chose pour elle pendant son absence (aller récupérer son certificat médical).

COMPRÉHENSION ORALE

Étape 4
Vérifiez vos hypothèses sur la question posée.

1. La question posée est : « Que pourrait faire Lionel pour aider sa compagne ? »
2. Les mots et phrases clés du document sonore sont : « aller récupérer » / « envoyer à mon travail » / « certificat médical »
3. La bonne réponse est D « Lui poster un document administratif. »

> Lors de l'épreuve, vous devrez faire les quatre étapes très rapidement, l'une à la suite de l'autre. Le temps de pause entre l'écoute du document sonore et celle de la question est très bref : 2 secondes environ.

→ **C'est à vous !**

QUESTION 8

> Appliquer la méthode pour trouver la réponse à la question 8 de niveau A2. Les solutions sont dans le corrigé p. 93.

Vous lisez	Vous écoutez	Vous cochez
A. Dans l'avion. B. Avec ses parents. C. Chez des amies. D. Au restaurant.	CD 8	☐ A ☐ B ☐ C ☐ D

Étape 1
Lisez les quatre propositions : repérez leurs points communs.

....
....

Étape 2
Faites des hypothèses.

1. Sur le thème possible du document sonore : ....
....
2. Sur le type de document sonore : ....
....
3. Sur la question possible : ....
....

Étape 3
Écoutez le document sonore et vérifiez vos hypothèses. Notez ou mémorisez les mots clés lors de l'écoute !

> Attention ! Vous entendez la question après l'écoute du document.

1. Type de document : ....
....

2. Hypothèse possible : ....
....
3. Expressions entendues : ....
....
→ Quelle est la situation ? ....
....

Étape 4
Vérifiez vos hypothèses sur la question posée.

1. La question posée est : ....
2. Les mots et phrases clés du document sonore sont : ....
....
3. La bonne réponse est : ....

23

COMPRÉHENSION ORALE

5ᵉ type de question

Écoutez le document sonore et les questions.
Pour chaque question, choisissez la bonne réponse.

→ **Découvrez la méthode**

QUESTIONS 9 ET 10

L'exercice est basé sur une question de niveau B2. Ici, vous devez répondre à deux questions. Lisez-les puis suivez les étapes de la méthode proposée.

Vous lisez	Vous écoutez	Vous cochez
Question 9 A. Leur assurer un logement garanti. B. Leur donner une somme d'argent. C. Leur fournir un premier emploi. D. Leur proposer de créer leur entreprise.	CD 9	☐ A ☐ B ☐ C ☐ D
Question 10 A. De faire confiance aux étudiants. B. De répartir les aides sur plusieurs années. C. D'encadrer les projets d'études. D. D'indemniser les jeunes selon leurs mérites.		☐ A ☐ B ☐ C ☐ D

Étape 1
Lisez les propositions de la question 9 : repérez leurs points communs.

1. Verbes d'action : leur assurer / leur donner / leur fournir / leur proposer = donner quelque chose.
2. Pronom : « leur » présent dans les 4 propositions = à quelqu'un / pour quelqu'un.
3. Objets : « logement » / « argent » / « emploi » / « création d'entreprise » = installation, intégration.

Étape 2
Lisez les propositions de la question 10 : repérez leurs points communs.

1. Verbes d'action : « faire confiance » / « répartir » / « encadrer » / « indemniser » = faire quelque chose.
2. Objets : « aides » / « projets d'études » = installation, intégration.
3. Personnes : « (faire confiance aux) étudiants » / « (indemniser les) jeunes » = public concerné.
4. Préposition avant le verbe « de » présente dans les 4 propositions = certains types de verbes dans la question comme « demander de faire » ou « conseiller de faire ».

Étape 3
Faites des hypothèses.

1. Sur le thème possible du document sonore : les études, être étudiant.
2. Sur le type de document sonore : reportage, interview, émission, conversation dans le domaine public.
3. Sur la 1ʳᵉ question possible : la question peut porter sur une demande d'information ou sur une action liée au statut d'étudiant ou aux études.
4. Sur la 2ᵉ question possible : la question peut porter sur une demande ou un souhait des étudiants ou des jeunes.

24

Étape 4
Écoutez le document sonore et vérifiez vos hypothèses sur son thème et son type. Notez ou mémorisez les mots clés lors de l'écoute !

Attention ! Vous entendez les questions après l'écoute du document.

1. Type de document : interview dans une émission. Une femme pose une question à un homme qui y répond : ils se disent « vous », ils s'appellent par leurs noms : « Rémi Martial, [...] ».
2. Hypothèse possible : il s'agit d'une journaliste et d'un invité dans une émission.
3. Expressions entendues :
- autour des études : « salaire étudiant » / « 8 000 étudiants » / « étudiants sélectionnés » / « plan de formation » / « parcours » / « objectifs » ;
- autour de l'intégration : « autonomie » / « être autonome financièrement » / « devenir entrepreneur » / « sortir de la précarité » / « atteindre leurs objectifs » ;
- autour de l'aide : « dotation versée par l'État » / « venir en aide » / « critères sociaux » / « dotation échelonnée » / « aides financières » / « accompagner tout au long de leur parcours » / « faire atteindre leurs objectifs ».
➜ Quelle est la situation : un homme est interrogé sur une mesure en faveur des étudiants. Il donne son point de vue sur cette mesure.

Étape 5
Vérifiez vos hypothèses sur la première question posée.

1. La 1re question posée est : « En quoi consiste l'aide apportée aux étudiants dont il est question ? ».
2. Les mots et phrases clés du document sonore sont : « salaire étudiant / dotation versée par l'État / aides financières ».
3. La bonne réponse est B Leur donner une somme d'argent.

Étape 6
Vérifiez vos hypothèses sur la deuxième question posée.

1. La 2e question posée est : « Que recommande l'homme interrogé à l'État ? ».
2. Les mots et phrases clés du document sonore sont : « autonomie / La société ne peut se contenter de leur apporter des aides financières et de les laisser faire / Il ne s'agit pas de les sortir uniquement de la précarité / Il s'agit de les accompagner tout au long de leur parcours ».
3. La bonne réponse est C « D'encadrer les projets d'études ».

> Rappel : à l'examen, les six étapes s'enchaînent très rapidement, l'une à la suite de l'autre.
> Le temps de pause entre l'écoute du document sonore et celle de la 1re question est de 2 secondes.
> Le temps de pause entre la 1re question et la 2e question est de 14 secondes.

25

COMPRÉHENSION ORALE

→ **C'est à vous !**

QUESTIONS 11 ET 12

Appliquer la méthode pour trouver la réponse aux questions 11 et 12 de niveau B1. Les solutions sont dans le corrigé p. 94.

Vous lisez	Vous écoutez	Vous cochez
Question 11 A. Animateur. B. Écrivain. C. Enseignant. D. Psychologue.	CD 10	☐ A ☐ B ☐ C ☐ D
Question 12 A. Elle indique pourquoi elle est contre les notes. B. Elle raconte un souvenir d'enfance de son école. C. Elle présente un nouveau programme scolaire. D. Elle exprime son soutien aux enseignants.		☐ A ☐ B ☐ C ☐ D

Étape 1
Lisez les propositions de la question 11.

Quels sont leurs points communs ? ....
....
....
....

Étape 2
Lisez les propositions de la question 12.

Quels sont leurs points communs ? ....
....
....
....

Étape 3
Faites des hypothèses.

1. Sur le thème possible du document sonore : ....
....
....

2. Sur le type de document sonore : ....
....
....

3. Sur la 1re question possible : ....
....
....

4. Sur la 2e question possible : ....
....
....

Étape 4
Écoutez le document sonore et vérifiez vos hypothèses sur son thème et son type. Notez ou mémorisez les mots clés lors de l'écoute !

Attention ! Vous entendez les questions après l'écoute du document.

1. Type de document : ....
....

2. Hypothèse possible : ....
....

3. Expressions entendues : ....
....
....
....

➔ La situation : ....
....
....

Étape 5
Vérifiez vos hypothèses sur la première question posée.

1. La 1re question posée est : ....
....
....

2. Les mots et phrases clés du document sonore sont : ....
....
....

3. La bonne réponse est : ....
....
....

Étape 6
Vérifiez vos hypothèses sur la deuxième question posée.

1. La 2e question posée est : ....
....
....

2. Les mots et phrases clés du document sonore sont : ....
....
....

3. La bonne réponse est : ....
....

COMPRÉHENSION ORALE

s'entraîner

Voici une série de questions classées par niveau et par type de question. C'est le moment pour vous de mettre en pratique de façon totalement autonome la méthode acquise dans **Se préparer**, dans la perspective d'un réel entraînement à l'épreuve de compréhension orale du TCF.

Niveau A1

1er type de question | Écoutez les quatre propositions. Choisissez celle qui correspond à l'image.

QUESTION 13

Vous voyez	Vous écoutez	Vous cochez
	CD 11	☐ A ☐ B ☐ C ☐ D

QUESTION 14

Vous voyez	Vous écoutez	Vous cochez
	CD 12	☐ A ☐ B ☐ C ☐ D

2ᵉ type de question

Écoutez et choisissez l'image qui correspond au document sonore.

QUESTION 15

Vous voyez	Vous écoutez	Vous cochez
	CD 13	☐ A ☐ B ☐ C ☐ D

QUESTION 16

Vous voyez	Vous écoutez	Vous cochez
	CD 14	☐ A ☐ B ☐ C ☐ D

COMPRÉHENSION ORALE

3ᵉ type de question

Écoutez l'extrait sonore et les quatre propositions. Choisissez la bonne réponse.

QUESTION 17

Vous écoutez	Vous cochez
CD 15	☐ A ☐ B ☐ C ☐ D

QUESTION 18

Vous écoutez	Vous cochez
CD 16	☐ A ☐ B ☐ C ☐ D

4ᵉ type de question

Écoutez le document sonore et la question. Choisissez la bonne réponse.

QUESTION 19

Vous lisez	Vous écoutez	Vous cochez
A. Le matin. B. Le midi. C. L'après-midi. D. Le soir.	CD 17	☐ A ☐ B ☐ C ☐ D

QUESTION 20

Vous lisez	Vous écoutez	Vous cochez
A. Quels sont les horaires ? B. Où est son enfant ? C. Qui est à l'ordinateur ? D. Quand il peut partir ?	CD 18	☐ A ☐ B ☐ C ☐ D

Niveau A2

1ᵉʳ type de question | **Écoutez les quatre propositions.
Choisissez celle qui correspond à l'image.**

QUESTION 21

Vous voyez	Vous écoutez	Vous cochez
	CD 19	☐ A ☐ B ☐ C ☐ D

QUESTION 22

Vous voyez	Vous écoutez	Vous cochez
	CD 20	☐ A ☐ B ☐ C ☐ D

COMPRÉHENSION ORALE

2ᵉ type de question — Écoutez et choisissez l'image qui correspond au document sonore.

QUESTION 23

Vous voyez		Vous écoutez	Vous cochez
A	B	CD 21	☐ A
C	D		☐ B
			☐ C
			☐ D

QUESTION 24

Vous voyez		Vous écoutez	Vous cochez
A	B	CD 22	☐ A
C	D		☐ B
			☐ C
			☐ D

3ᵉ type de question

Écoutez l'extrait sonore et les quatre propositions. Choisissez la bonne réponse.

QUESTION 25

Vous écoutez	Vous cochez
[CD 23]	☐ A ☐ B ☐ C ☐ D

QUESTION 26

Vous écoutez	Vous cochez
[CD 24]	☐ A ☐ B ☐ C ☐ D

4ᵉ type de question

Écoutez le document sonore et la question. Choisissez la bonne réponse.

QUESTION 27

Vous lisez	Vous écoutez	Vous cochez
A. D'informatique. B. De magazines. C. De musique. D. De vidéo.	[CD 25]	☐ A ☐ B ☐ C ☐ D

QUESTION 28

Vous lisez	Vous écoutez	Vous cochez
A. Elle distribue le courrier. B. Elle finit à 18 heures. C. Elle travaille de nuit. D. Elle vient d'avoir 22 ans.	[CD 26]	☐ A ☐ B ☐ C ☐ D

COMPRÉHENSION ORALE

Niveau B1

4ᵉ type de question — Écoutez le document sonore et la question. Choisissez la bonne réponse.

QUESTION 29

Vous lisez	Vous écoutez	Vous cochez
A. Elle pense qu'elle est malade. B. Elle a dû travailler beaucoup. C. Elle vient de faire un marathon. D. Elle a des difficultés à dormir.	CD 27	☐ A ☐ B ☐ C ☐ D

QUESTION 30

Vous lisez	Vous écoutez	Vous cochez
A. Parce qu'il change de carrière. B. Parce qu'il devient militant. C. Parce qu'il doit déménager. D. Parce qu'il doute de son utilité.	CD 28	☐ A ☐ B ☐ C ☐ D

QUESTION 31

Vous lisez	Vous écoutez	Vous cochez
A. Le départ en congé d'une émission. B. L'ouverture d'un petit restaurant. C. La parution d'un livre de recettes. D. Le lancement d'un journal en ligne.	CD 29	☐ A ☐ B ☐ C ☐ D

QUESTION 32

Vous lisez	Vous écoutez	Vous cochez
A. Pour leur déposer ses enfants en vacances. B. Pour rétablir de bonnes relations entre eux. C. Pour s'occuper de sa mère tombée malade. D. Pour réfléchir à son activité professionnelle.	CD 30	☐ A ☐ B ☐ C ☐ D

5ᵉ type de question

Écoutez le document sonore et les questions.
Pour chaque question, choisissez la bonne réponse.

QUESTIONS 33 ET 34

Vous lisez	Vous écoutez	Vous cochez
Question 33 A. À Deauville. B. À Lille. C. À Paris. D. À Versailles.	CD 31	☐ A ☐ B ☐ C ☐ D
Question 34 A. Aller au cinéma. B. Faire du tourisme. C. Rencontrer un ami. D. Se reposer au calme.		☐ A ☐ B ☐ C ☐ D

QUESTIONS 35 ET 36

Vous lisez	Vous écoutez	Vous cochez
Question 35 A. La distance entre deux arrêts est très grande. B. Les autobus manquent de ponctualité. C. Les véhicules sont en mauvais état. D. Le temps d'attente en station est long.	CD 32	☐ A ☐ B ☐ C ☐ D
Question 36 A. Il a dû attendre dans le froid. B. Il est resté bloqué en route. C. Il a été pris dans les bouchons. D. Il a couru pour attraper le bus.		☐ A ☐ B ☐ C ☐ D

COMPRÉHENSION ORALE

Niveau B2

4ᵉ type de question — Écoutez le document sonore et la question. Choisissez la bonne réponse.

QUESTION 37

Vous lisez	Vous écoutez	Vous cochez
A. Parce qu'elle a besoin de parler avec Bertrand avant qu'il ne parte.	CD 33	☐ A
B. Parce qu'elle se demande pourquoi Bertrand n'est pas encore arrivé.		☐ B
C. Parce qu'elle souhaite que Jasmine pense à apporter ses chaussures.		☐ C
D. Parce qu'elle voudrait savoir comment retrouver Bertrand.		☐ D

QUESTION 38

Vous lisez	Vous écoutez	Vous cochez
A. Le luthier est l'homme de confiance des musiciens.	CD 34	☐ A
B. Le luthier participe à la découverte de talents cachés.		☐ B
C. Le luthier sauve des violons considérés irréparables.		☐ C
D. Le luthier s'occupe exclusivement du haut de gamme.		☐ D

QUESTION 39

Vous lisez	Vous écoutez	Vous cochez
A. Il a apprécié l'ambiance plaisante qui régnait à cet événement.	CD 35	☐ A
B. Il est fier d'avoir affronté des sportifs de haut niveau bien classés.		☐ B
C. Il se réjouit d'avoir réussi à surmonter la douleur de ses blessures.		☐ C
D. Il s'étonne du bon temps qu'il a réussi à faire lors de cette course.		☐ D

QUESTION 40

Vous lisez	Vous écoutez	Vous cochez
A. D'augmenter le nombre d'heures d'enseignement scientifique.	CD 36	☐ A
B. De doter les établissements d'instruments scientifiques récents.		☐ B
C. De faire en sorte que les élèves découvrent aussi par eux-mêmes.		☐ C
D. De faire mémoriser aux élèves des contenus scientifiques sérieux.		☐ D

5ᵉ type de question

Écoutez le document sonore et les questions.
Pour chaque question, choisissez la bonne réponse.

QUESTIONS 41 ET 42

Vous lisez	Vous écoutez	Vous cochez
Question 41 A. Parce qu'il a disposé d'une grande liberté d'initiative. B. Parce qu'il a pu consulter de nombreux documents. C. Parce qu'il a reçu des soutiens d'organismes publics. D. Parce qu'il a réussi à surmonter ses travers habituels.	CD 37	☐ A ☐ B ☐ C ☐ D
Question 42 A. La liberté laissée au réalisateur et à son équipe. B. Le nombre de documents consultés en amont. C. La patience avec laquelle le travail a été mené. D. Le soin apporté à chaque étape de la réalisation.		☐ A ☐ B ☐ C ☐ D

QUESTIONS 43 ET 44

Vous lisez	Vous écoutez	Vous cochez
Question 43 A. Des tensions sont apparues entre voisins. B. L'aide aux personnes à la rue a augmenté. C. Les gens survivent grâce au soutien des leurs. D. Les retraités refusent de payer pour tous.	CD 38	☐ A ☐ B ☐ C ☐ D
Question 44 A. La chute du gouvernement. B. La hausse du chômage. C. La tension dans les rues. D. L'éclatement des familles.		☐ A ☐ B ☐ C ☐ D

COMPRÉHENSION ORALE

Niveau C1

4ᵉ type de question | Écoutez le document sonore et la question. Choisissez la bonne réponse.

QUESTION 45

Vous lisez	Vous écoutez	Vous cochez
A. Elle révèle des éléments que l'on n'imaginait pas.	CD 39	☐ A
B. Elle s'intéresse à ceux qui deviendront ingénieurs.		☐ B
C. Elle vante la renommée de l'Université française.		☐ C
D. Elle dévoile les réalités de la mobilité étudiante.		☐ D

QUESTION 46

Vous lisez	Vous écoutez	Vous cochez
A. À former des spécialistes du graphisme à des techniques diverses.	CD 40	☐ A
B. À éveiller l'intérêt des futurs ingénieurs à des disciplines variées.		☐ B
C. À faire la différence entre les bons et les excellents élèves de l'école.		☐ C
D. À pallier le manque de lieux de culture accessibles depuis le campus.		☐ D

QUESTION 47

Vous lisez	Vous écoutez	Vous cochez
A. La formation professionnelle tend à être considérée comme une plus-value.	CD 41	☐ A
B. Les formations pour ce type de métier seront réservées aux personnes sans emploi.		☐ B
C. Les entreprises du secteur manquent d'argent pour investir dans la formation.		☐ C
D. On considère que ces emplois sont accessibles sans savoir-faire particulier.		☐ D

5ᵉ type de question

Écoutez le document sonore et les questions.
Pour chaque question, choisissez la bonne réponse.

QUESTIONS 48 ET 49

Vous lisez	Vous écoutez	Vous cochez
Question 48 A. Elle a cru qu'il s'agissait d'une plaisanterie sans prétention. B. Elle a dénoncé le risque de pollution générée par ce projet. C. Elle a pris peur à cause de l'irrégularité des actions menées. D. Elle a témoigné de sa perplexité vis-à-vis de cette initiative.	CD 42	☐ A ☐ B ☐ C ☐ D
Question 49 A. Elle amène les automobilistes à émettre des fumées polluantes. B. Elle conduit des actions qui sont désapprouvées par la population. C. Elle incite les individus à commettre des actes répréhensibles. D. Elle pousse à la consommation de produits gras nuisibles à la santé.		☐ A ☐ B ☐ C ☐ D

COMPRÉHENSION ORALE

Niveau C2

4ᵉ type de question — Écoutez le document sonore et la question. Choisissez la bonne réponse.

QUESTION 50

Vous lisez	Vous écoutez	Vous cochez
A. C'est la disposition d'un sujet à subir sereinement des chocs émotionnels successifs. B. C'est le contrecoup accusé par un individu faisant face à des difficultés répétées. C. C'est l'effet produit par un choc psychologique sur quelqu'un en grande fatigue. D. C'est le type de réponse produit par l'organisme d'une personne face à un tracas.	CD 43	☐ A ☐ B ☐ C ☐ D

QUESTION 51

Vous lisez	Vous écoutez	Vous cochez
A. Facebook peut nous faire perdre le sens des réalités à force de s'y inventer une autre vie. B. Les individus inscrits sur Facebook prennent le risque de développer un égo démesuré. C. Les relations affectives vécues à travers le réseau social Facebook sont sans lendemain. D. On ridiculise les émotions amoureuses en les exposant aux yeux de tous sur Facebook.	CD 44	☐ A ☐ B ☐ C ☐ D

QUESTION 52

Vous lisez	Vous écoutez	Vous cochez
A. Culpabiliser ses lecteurs. B. Tenir un discours inhumain. C. Folkloriser son sujet. D. Faire preuve de brutalité.	CD 45	☐ A ☐ B ☐ C ☐ D

5ᵉ type de question | **Écoutez le document sonore et les questions.
Pour chaque question, choisissez la bonne réponse.**

QUESTIONS 53 ET 54

Vous lisez	Vous écoutez	Vous cochez
Question 53 A. Défendre les valeurs fondatrices de l'Histoire de la France. B. Développer chez les élèves des aptitudes à exercer un métier. C. Former des individus à même d'accompagner la vie de leur cité. D. Garantir l'égalité des chances d'accès aux études supérieures.	CD 46	☐ A ☐ B ☐ C ☐ D
Question 54 A. Améliorer les conditions de vie des milieux plus modestes. B. Développer une méthodologie d'enseignement pour tous. C. Donner envie aux élèves de réussir leur parcours scolaire. D. Favoriser l'insertion professionnelle au sein des entreprises.		☐ A ☐ B ☐ C ☐ D

EXPRESSION ORALE

se situer

Avec *Réussir le TCF*, vous allez **vous préparer et vous entraîner au test d'expression orale, et progresser en français**.

Commencez tout d'abord par **estimer votre niveau** :
1. Avant de commencer votre préparation (**Se préparer,** page 48), complétez la fiche d'autodiagnostic ci-après page 43.
2. Avant l'entraînement, (**S'entraîner,** page 60), complétez une nouvelle fois la fiche.

Ces deux étapes vous permettront de comprendre vos points forts et vos points faibles, **pour mieux progresser**.

Comment interpréter la fiche d'autodiagnostic ?
Pour un niveau donné :
- si vous obtenez une majorité de « oui » alors vous avez acquis le niveau ;
- si vous obtenez une majorité de « pas toujours » alors vous êtes en cours d'apprentissage de ce niveau ;
- si vous obtenez une majorité de « pas encore » alors vous êtes d'un niveau inférieur à celui-ci.

Attention, vos réponses sont une indication sur votre niveau de français général, elles ne correspondent pas forcément à l'évaluation d'un examinateur.

FICHE D'AUTODIAGNOSTIC

Niveaux	Je peux	Oui	Pas toujours	Pas encore
A1	... me présenter / me décrire.			
A1	... présenter / décrire / parler simplement des gens que je connais (ma famille et mes amis).			
A1	... décrire une activité familière.			
A2	... dire ce que j'aime ou non et expliquer pourquoi.			
A2	... exprimer mes sentiments simplement.			
A2	... parler de mes loisirs.			
A2	... parler de mes activités à l'université ou au travail.			
A2	... parler de ce que je fais d'habitude.			
B1	... discuter d'un film, d'un livre, de musique et exprimer mon opinion.			
B1	... poser des questions spontanées/sans avoir préparé de questionnaire à l'avance sur un thème qui m'est familier.			
B1	... prendre l'initiative d'une conversation.			
B1	... participer activement et sans préparation à toute discussion sur un thème qui m'est familier.			
B2	... parler seul longuement sur un sujet difficile et/ou abstrait.			
B2	... après un exposé (avoir parlé seul longuement), répondre à une série de questions, avec aisance et spontanéité.			
B2	... exprimer mes idées et mes opinions avec précision et les défendre en donnant des explications, des arguments et des exemples.			
C1	... argumenter et répondre à des questions ou des contre-arguments avec aisance sans trop donner l'impression de chercher mes mots.			
C1	... relier mon intervention à celle de mon interlocuteur en reprenant ce qu'il a dit.			
C2	... prendre la parole avec habileté et précision et utiliser de nombreuses expressions idiomatiques.			
C2	... participer sans effort à n'importe quelle conversation entre locuteurs natifs, quels que soient le thème de la discussion et le registre de langue utilisé.			
C2	... défendre finement ma position dans une discussion formelle sur des questions complexes et argumenter comme le ferait un locuteur natif.			

Pour en savoir plus et lire les éléments de la fiche d'autoévaluation dans la langue de votre choix, rendez-vous sur http://www.ciep.fr/tcf/document/tcf_grille_niveau.pdf.

EXPRESSION ORALE

Comprendre l'épreuve

➡ L'ÉPREUVE D'EXPRESSION ORALE

L'épreuve comprend 6 questions de difficulté croissante, depuis le niveau A1 jusqu'au niveau C2 du cadre européen.

A1	A2	B1	B2	C1	C2
6 questions : du plus simple au plus compliqué					

Regardez et écoutez attentivement l'examinatrice : Elle présente l'épreuve.

Voici ce que vous devez retenir :

1. L'épreuve consiste en un entretien individuel, entre l'examinateur et vous.

2. L'épreuve dure environ 15 minutes.

3. Elle est sans préparation.

4. L'examinateur pose cinq questions : les questions 1, 2, 4, 5, 6.
   Pour chaque question, il annonce le numéro et le niveau.

5. À partir d'un thème donné par l'examinateur, c'est vous qui posez la question 3
   (en général, plusieurs questions qui doivent être de niveau B1).

6. La présence d'un appareil enregistreur est indispensable car l'examinateur
   n'est pas la personne qui corrigera votre épreuve.

➡ EXEMPLES DE QUESTIONS

Question 1 de niveau A1 : « Décrivez votre quartier. »

Question 2 de niveau A2 : « Quel est votre acteur préféré ? Pourquoi ? »

Question 3 de niveau B1 : « Je vais vous proposer un thème et ce sera à vous de m'interroger. Vous voulez partir vivre dans un pays étranger. Vous me posez des questions sur ce pays. »

Question 4 de niveau B2 : « Selon vous, quels sont les avantages et les inconvénients de la vie à la campagne ? »

Question 5 de niveau C1 : « Toutes les armées du monde devraient disparaître. Qu'en pensez-vous ? »

Question 6 de niveau C2 : « Selon vous, les différences culturelles sont-elles inéluctablement sources de conflit ? »

➡ LES COMPÉTENCES ATTENDUES

Cette épreuve teste vos capacités à vous exprimer en langue française sur des thèmes de difficulté croissante :

- Au niveau A1 : vous devez savoir décrire votre environnement proche ;
- Au niveau A2 : vous devez savoir parler des personnes, de vos conditions de vie, de votre activité professionnelle ou académique actuelle ou récente ;
- Au niveau B1 : vous devez savoir poser des questions, rechercher des informations précises ;
- Au niveau B2 : vous devez savoir donner votre opinion et expliquer les avantages et les inconvénients d'un projet, exprimer votre accord et votre désaccord ;
- Au niveau C1 : vous devez savoir présenter une argumentation claire et structurée en rapport avec le thème proposé ;
- Au niveau C2 : vous devez savoir présenter de façon détaillée et structurée des sujets complexes, développer et conclure.

Les six aspects de l'expression orale, sur lesquels se base le correcteur pour vous évaluer	Ce à quoi vous devez faire attention
Le vocabulaire	Est-ce que j'utilise les mots adaptés au sujet ? Est-ce qu'ils sont assez nombreux ? Est-ce qu'ils sont exacts ?
La grammaire	Est-ce que mes phrases sont bien construites et mes verbes bien conjugués ? Est-ce que je peux adapter mon discours au niveau demandé ?
La phonétique/phonologie	Est-ce que je prononce bien les sons ? Est-ce que j'articule correctement les mots ?
Les idées et leur organisation	Est-ce que j'ai exprimé assez d'idées et d'arguments ? Est-ce que j'ai été clair(e) et organisé(e) dans la façon d'exprimer mon opinion et mes idées ? Est-ce que je donne un exemple intéressant pour chaque argument ?
Respect de la consigne et interaction	Est-ce que j'ai compris la question, bien identifié le thème et su répondre à la question sans parler d'autre chose ? Est-ce que je réponds de la manière attendue ? Est-ce que je peux répondre aux sollicitations supplémentaires de l'examinateur sur le sujet ?
Aisance	Est-ce que je parle assez vite ? Est-ce que j'arrive à exprimer mes idées facilement ? Est-ce que je sais garder la parole assez longtemps pour dire tout ce que je veux ? Est-ce que j'hésite beaucoup ? Est-ce que je sais corriger mes erreurs ?

EXPRESSION ORALE

➡ CONSEILS

Méthodologie

Pour rappel, il n'y a pas de temps de préparation pour cette épreuve. Vous devez répondre très rapidement.

Quand c'est vous qui répondez aux questions (questions 1, 2, 4, 5, 6) :

1. Écoutez attentivement la question.
2. Rassemblez vos connaissances sur le sujet.
3. Organisez vos idées.
4. Répondez calmement et pensez à articuler.
5. Pensez que l'examinateur peut vous poser des questions supplémentaires, soit pour vous aider, soit pour poursuivre l'entretien.

Quand c'est vous qui posez des questions (question 3) :

1. Écoutez attentivement la thématique proposée.
2. Rassemblez vos connaissances sur le sujet.
3. Posez une première question en rapport avec la thématique proposée.
4. Adaptez vos questions suivantes aux réponses de l'examinateur.

➡ ATTITUDE

Regardez et écoutez attentivement cette vidéo.

Grâce à ce candidat, vous voyez ce que vous ne devez pas faire et ce que vous devez faire pendant l'épreuve d'expression orale.

Ce que vous ne devez pas faire

- Porter une tenue négligée.
- Être irrespectueux avec l'examinateur (ne pas le saluer, le tutoyer, adopter une attitude et une posture incorrectes).
- Se tenir loin du dictaphone. Le son de l'enregistrement risque d'être trop bas. Si le correcteur ne peut pas comprendre ce que vous dites, vous risquez de perdre des points.
- Faire des bruits inutiles (tics nerveux, bracelet, stylo…). Ces bruits risquent de réduire la qualité du son et, si le correcteur ne peut pas comprendre ce que vous dites, vous risquez de perdre des points.
- Mâcher du chewing-gum. Ce serait irrespectueux pour votre interlocuteur et ça risquerait de gêner votre articulation et votre prononciation.

Ce que vous devez faire

- Portez une tenue correcte : la situation d'examen est une situation formelle, vous devez faire un minimum d'efforts pour votre habillement. Ainsi, l'examinateur pourra davantage se concentrer sur l'échange que sur votre tenue.
- Soyez poli : saluez l'examinateur et vouvoyez-le.
- Regardez votre interlocuteur dans les yeux quand vous parlez. En France, cette attitude fait partie du respect de l'autre durant l'échange.
- Parlez à voix haute, claire et intelligible. N'oubliez pas que votre épreuve est enregistrée pour être corrigée plus tard par un correcteur qui n'aura pas assisté à votre examen. Pour cela, le son doit être de la meilleure qualité possible, et mieux vous articulez, mieux le correcteur pourra vous évaluer.

EXPRESSION ORALE

se préparer

Conseils de méthode

Dans cette partie, vous allez vous préparer à prendre la parole autour des six questions de l'épreuve d'expression orale, grâce aux vidéos et aux exercices du livre. Les questions sont présentées par ordre de difficulté croissante (A1, A2, B1, B2, C1, C2).

Les exercices en lien avec la vidéo **(Analysez la réponse de la vidéo)** vous permettent de travailler les différents aspects de l'expression orale.

Ensuite, avec **C'est à vous!**, ce sera à vous de prendre la parole sur la même question que celle du candidat de la vidéo : utilisez la vidéo, les indications de **Pour vous aider** et les **Conseils**.

Niveau A1

QUESTION 1
Qu'est-ce que vous aimez manger ?

➜ **Analysez la réponse de la vidéo**

Regardez la séquence autant de fois que vous le souhaitez et faites l'exercice :

1. Quel est le vocabulaire en rapport direct avec le sujet ? (Exemples : des actions liées au fait de manger ou cuisiner, des quantités, un ou des noms de plats, des aliments, des ustensiles, etc.)
   ....
   ....
   ....
   ....

2. Quel est le principal temps des verbes utilisé ? Justifiez par des exemples.
   ....
   ....

→ **C'est à vous !**

Pour cette question, le temps de réponse attendu est d'environ **1** minute.

> **Pour vous aider**
>
> **Commencer votre réponse :**
> • J'aime…
> • Ce que je préfère, c'est…
>
> **Organiser vos idées :**
> • et
> • aussi
>
> **Présenter un plat :**
> • Ce plat/la recette vient de…
> • C'est un plat italien/français/thaïlandais…
> • Je mange…
> • J'aime manger…
> • Je prépare…
> • Je cuisine…
>
> **Vocabulaire pour les repas :**
> • Manger/boire/dîner/déjeuner/cuisiner/préparer/cuire…
> • Le petit-déjeuner/le déjeuner/le dîner…
> • Une entrée/un dessert/un plat/un plat de fête/un plat de tous les jours…
> • Des légumes/de la viande/du poisson/des fruits/du riz/des pâtes/un gâteau/de la glace…
> • La recette/la préparation…
> • Bon/mauvais/salé/sucré/léger/gras/chaud/froid/préféré…
> • Un peu de/beaucoup de/un kilo de/200 grammes de/un litre de…

Pour la question de niveau A1, préparez-vous à :

• vous présenter ;
• présenter quelqu'un (famille, amis) ;
• parler du temps (durée et climat) ;
• parler de votre ville et de votre pays ;
• décrire une activité quotidienne (manger, s'habiller, préparer ses affaires, écouter de la musique, regarder la télévision…).

Le vocabulaire simple doit être en rapport avec le sujet (vous avez compris la consigne).

La grammaire peut-être très simple (articles, verbes conjugués au présent, accords en genre et en nombre). Vous devez être compréhensible : même si votre prononciation est approximative, répondez lentement en faisant des pauses entre les phrases et les mots.

EXPRESSION ORALE

Niveau A2

QUESTION 2
Est-ce que vous aimez la musique ?
Quel instrument préférez-vous et pourquoi ?

→ **Analysez la réponse de la vidéo**

Regardez la séquence autant de fois que vous le souhaitez et faites l'exercice :

1. Pourquoi aime-t-il la musique ? (deux raisons minimum)
   ....
   ....
   ....

2. Quel est le vocabulaire en rapport direct avec le sujet ? (Exemples : des actions liées à la musique en général, des instruments, des situations festives, des lieux où entendre de la musique…)
   ....
   ....
   ....

3. Combien de questions supplémentaires pose l'examinatrice ? Lesquelles ?
   ....
   ....
   ....

→ **C'est à vous !**

Pour cette question, le temps de réponse attendu est d'environ 1 minute 30.

> **Pour vous aider**
>
> **Commencer votre réponse :**
> • J'aime/j'écoute/je joue/je chante…
> • Ma musique préférée/mon chanteur préféré…
>
> **Parler de la musique :**
> • J'écoute souvent/beaucoup/un peu…
> • Je joue de…
> • Je vais voir/écouter…
>
> **Organiser vos idées :**
> • Ajouter des idées : et puis…/aussi…/après…
> • Proposer plusieurs idées : ou…
> • Opposer deux idées : mais…
> • Justifier une idée : parce que…
>
> **Vocabulaire pour la musique :**
> • Jouer de/écouter/chanter/danser/préférer/aimer…
> • Le violon/la guitare/le piano/la batterie/les percussions/la flûte/la clarinette/le saxophone/la trompette/la voix…
> • Un orchestre/un groupe/un chanteur/une chanteuse/un ou une pianiste/un ou une guitariste/un ou une violoniste, un batteur ou une batteuse…
> • Un disque/un DVD/le texte/la mélodie…
> • Un concert/un spectacle/une comédie musicale…
> • Le rock/le rap/le classique/le jazz/le slam/la pop/la chanson française…
> • Calme/tranquille/doux/rythmé/original/fort/puissant…

Pour la question de niveau A2, préparez-vous à :
- parler de vous (parcours, formation, profession) ;
- parler de vos activités (loisirs, centres d'intérêt) ;
- exprimer vos goûts, vos préférences et expliquer pourquoi vous les aimez/préférez ;
- parler de vos habitudes.

Utilisez un **vocabulaire simple,** approprié à la situation mais plus **riche** et plus **varié** que pour la question A1.
Conjuguez au présent et utilisez aussi **le passé** (passé composé et imparfait) et **le futur** proche.
Vous devez **expliquer, justifier ou préciser vos réponses avec « parce que », « mais »**.
Même si votre prononciation est approximative, votre débit de parole doit être plus rapide que pour la question A1.

EXPRESSION ORALE

Niveau B1

QUESTION 3
Je vais vous proposer un thème et ce sera à vous de m'interroger. Vous allez bientôt être embauché(e) dans la même société que moi. Posez-moi des questions sur l'entreprise et vos futurs collègues.

→ **Analysez la réponse de la vidéo**

Regardez la séquence autant de fois que vous le souhaitez et faites l'exercice :

1. Repérez les neuf questions que le candidat pose à l'examinatrice :
....
....
....
....
....
....
....
....
....

2. Ces questions ont-elles des registres de langue différents ? Si oui, lesquels (familier, standard et soutenu) ?
....
....
....

3. L'échange qu'entretiennent le candidat et l'examinatrice donne-t-il l'impression d'une conversation suivie et cohérente (les questions et réponses arrivent-elles au bon moment et sont-elles logiques) ?
....
....
....

4. Quelle est la demande d'explication que formule le candidat au tout début de l'exercice ?
....
....
....

→ C'est à vous !

Pour cette question, le temps de réponse attendu est d'environ 3 minutes.

> **Pour vous aider**
>
> **Poser différentes questions :**
> • Qui… ?
> • Que… ?
> • Quand… ?
> • Où… ?
> • Quel(le)s… ?
> • Pourquoi… ?
> • Comment… ?
> • Combien… ?
>
> **Les trois registres de question :**
> • Familier, par exemple « C'est agréable de travailler pour cette entreprise ? »
> • Standard, par exemple « Est-ce que c'est agréable de travailler pour cette entreprise ? »
> • Soutenu, par exemple « Travailler pour cette entreprise, est-ce agréable ? »
>
> **Les thèmes possibles des questions :**
> • Le type d'entreprise
> • Le volume de travail/les horaires
> • L'ambiance
> • Les employés/le responsable
> • Les avantages
> • Les moyens de transport
>
> **Parler du travail :**
> • Travailler/faire une pause/prendre des congés/gagner de l'argent…
> • Une entreprise/le service des ressources humaines…
> • Un collègue/le responsable/le directeur…
> • La cantine/les vestiaires/la salle de repos/la salle de réunion/le bureau…
> • Les horaires/la tenue de travail…
> • Un arrêt maladie/un avantage social/un emploi/une mission à l'extérieur/une tâche/une réunion/une feuille de paye/un salaire/une prime/un remboursement…

> **Pour la question de niveau B1, préparez-vous à :**
> • poser des questions sur des thématiques comme les voyages, les loisirs, la culture, la profession, l'intégration à la vie sociale…
> • alterner les trois registres de question : familier, standard et soutenu ;
> • imaginer les réponses possibles de votre interlocuteur pour adapter vos questions suivantes.
>
> Vous devez **établir un dialogue avec l'examinateur** et diriger la conversation. C'est vous qui posez des questions pour **obtenir six informations différentes au minimum**. Vous devez aborder plusieurs aspects du même thème (lexique varié et adapté), en variant vos questions (registres familier, standard et soutenu) et vous adapter aux réponses de votre interlocuteur. À partir de ce niveau, vous pouvez utiliser **tous les modes et tous les temps**.

EXPRESSION ORALE

Niveau B2

QUESTION 4
Êtes-vous pour ou contre le vote des étrangers vivant en France ? Pourquoi ?

→ **Analysez la réponse de la vidéo**

Regardez la séquence autant de fois que vous le souhaitez et faites l'exercice :

1. Quelle est l'opinion du candidat ? Est-il en faveur ou en défaveur de cette mesure ? Justifiez votre réponse.

   ....
   ....
   ....
   ....
   ....
   ....
   ....
   ....

2. Que dit-il pour atténuer ses propos et ainsi ne pas adopter un positionnement trop catégorique ?

   ....
   ....
   ....
   ....
   ....
   ....

3. Quelles expressions utilise-t-il pour exprimer son opinion ?

   ....
   ....

4. Combien de temps est-il capable de parler tout seul avant que l'examinatrice lui pose une question supplémentaire ?

   ....

5. Le discours du candidat est-il clairement structuré ?

   ....

➔ **C'est à vous !**

Pour cette question, le temps de réponse attendu est d'environ 3 minutes.

Pour vous aider

Donner votre opinion :
- Selon/d'après moi…
- À mon avis…
- Je pense que…
- Je crois que…

Organiser vos idées :
- Ordonner : d'abord/ensuite/puis/de plus/enfin/pour terminer…
- Justifier : en effet
- Exprimer la cause : parce que/car/grâce à/à cause de…
- Exprimer la conséquence : c'est pourquoi/par conséquent/donc/ainsi…
- Opposer : en revanche/pourtant/par contre…

Exprimer votre accord et proposer des arguments positifs :
- Oui, … est un réel avantage car…
- Sans aucun doute, il faudrait…
- Absolument…
- En effet, il serait…
- Je suis (complètement/entièrement) d'accord avec…

Arguments pour :
- Égalité entre les Hommes = tout le monde devrait avoir les mêmes droits ou avantages.
- Un étranger qui participe à la vie sociale (qui travaille, paie des impôts et réside en France) doit pouvoir participer aux décisions politiques locales.
- Le partage de ce droit à tous les habitants d'un même pays faciliterait l'intégration des étrangers qui deviendraient acteurs.

Exprimer votre désaccord et proposer des arguments négatifs :
- Je ne suis pas d'accord avec…
- Je ne partage pas l'avis selon lequel…
- Non, au contraire, il ne faudrait pas que…
- Je doute que…
- On peut penser que… mais…

Arguments contre :
- Le droit de vote exprime l'opinion d'un peuple, c'est le droit d'un citoyen : si une personne veut voter en France, elle doit être/devenir française.
- Réciprocité : un Français installé à l'étranger ne peut souvent pas participer aux élections locales.
- Il y a déjà une contrepartie aux impôts : les prestations dont bénéficient les étrangers (école, sécurité, santé, justice…).

Pour la question de niveau B2, préparez-vous à :
- présenter les avantages (dans l'idéal deux) et les inconvénients (dans l'idéal deux) de n'importe quelle situation, mesure ou décision qui concernent l'emploi, les transports, les médias, les nouvelles technologies, le progrès scientifique, la politique, l'écologie, l'éducation…
- donner un exemple concret pour chaque avantage ou inconvénient ;
- faire des hypothèses ;
- exprimer et justifier votre point de vue.

À partir de ce niveau, vous devez organiser vos idées de **manière logique**. Par exemple :
1. les avantages et les exemples ;
2. les inconvénients et les exemples ;
3. votre opinion personnelle.

À partir de ce niveau, l'évaluateur sera très vigilant à la **structure de votre réponse** : il doit suivre facilement le fil de votre pensée. Vos **débit de parole et prononciation** doivent permettre de vous comprendre sans effort. Vous devez **garder la parole au moins une minute** avant que l'examinateur vous pose une question supplémentaire.

EXPRESSION ORALE

Niveau C1

QUESTION 5
Il est impossible de s'intégrer dans un pays dont on ne connaît pas la langue. Êtes-vous d'accord avec cette affirmation et pourquoi?

→ **Analysez la réponse de la vidéo**

Regardez la séquence autant de fois que vous le souhaitez et faites l'exercice :

1. Quelle est l'opinion du candidat ?
....
....

2. Quels sont ses arguments ?
....
....
....
....

3. Quels sont les exemples qui illustrent ses arguments ?
....
....
....
....

→ **C'est à vous !**

Pour cette question, le temps de réponse attendu est d'environ 3 minutes.

Pour exprimer votre opinion, votre accord ou désaccord et pour organiser vos idées, vous pouvez commencer par vous inspirer des structures et du vocabulaire de **Pour vous aider** du niveau B2 (page 55), puis consulter le **Pour vous aider** ci-après pour des expressions supplémentaires, plus complexes et nuancées.

Pour vous aider

Donner votre opinion :
- Personnellement…
- En ce qui me concerne…
- Certains pensent que…
- On entend souvent dire que…
- Je ne sais pas trop quoi penser sur le sujet…/mon avis est partagé…

Organiser vos idées :
- Ordonner : Tout d'abord…/par ailleurs…/de plus…/enfin…/en guise de conclusion…
- Justifier : en effet…/pour preuve…
- Exprimer la cause : en raison de…/puisque…/grâce à…/sous prétexte que…
- Exprimer la conséquence : d'où…/en conséquence…/si bien que…
- Exprimer le but : de façon à…/en vue de…/afin de…
- Opposer / concéder : or…/malgré…/bien que…/même si…/néanmoins…/cependant…

Exprimer votre accord nuancé et proposer des arguments positifs :
- Je partage en partie…
- J'adhère partiellement à…
- Je crois que cela dépend vraiment de…

Arguments pour :
- Aller à la rencontre de l'autre est très difficile quand on ne partage pas la même langue.
- Sans amis ou réseau de connaissances originaires du pays de résidence, on est tenté de se replier sur soi ou sur sa communauté. Il est très difficile ensuite de trouver l'énergie pour construire encore autre chose.
- La vie administrative (service de santé, services sociaux) est très compliquée et décourageante.
- Ne pas connaître la langue implique souvent un handicap pour le suivi de l'éducation de son enfant.

Exprimer votre désaccord nuancé et proposer des arguments négatifs :
- Je ne peux pas être catégoriquement contre…
- Je ne partage pas entièrement cet avis…
- Je ne suis pas si sûr que…
- On peut penser que… mais…

Arguments contre :
- Il y a d'autres moyens d'intégration que la langue : la vie sociale, de quartier, les arts, l'observation et le mimétisme du comportement des autres, le respect des lois.
- Tout le monde n'a pas les mêmes facilités pour apprendre la langue.
- On peut apprendre la langue sur place, plus tard, quand et surtout si on en éprouve le besoin. Il est impossible d'apprendre quelque chose sans en avoir envie, si on n'en ressent pas l'utilité.

Pour la question de niveau C1, préparez-vous à :
- nuancer votre point de vue (ne pas être trop catégorique) ;
- trouver des arguments convaincants ;
- répondre à des arguments contraires aux vôtres ;
- récapituler votre point de vue et synthétiser rapidement les idées que vous avez évoquées ;
- élargir le débat.

La question de niveau C1 vise à évaluer votre **maîtrise des techniques d'argumentation**.
Vous devez organiser vos idées principales et secondaires, vos contre-arguments et exemples.
Par exemple :
1. exprimez d'abord votre opinion avec deux arguments la justifiant et deux exemples ;
2. nuancez votre propos en reconnaissant des points de vue différents avec deux arguments les justifiant et deux exemples ;
3. concluez par votre propre opinion en revenant sur les arguments qui, selon vous, sont les plus convaincants ;
4. élargissez le débat.

Si vous ne proposez pas de contre-arguments, l'examinateur le fera. Il s'agira pour vous de nuancer ou préciser votre propos et de trouver des arguments supplémentaires et convaincants pour appuyer votre point de vue. Attention à ne pas vous tromper de type de discours : il ne faut pas raconter une histoire mais exposer des idées de manière méthodique.

EXPRESSION ORALE

Niveau C2

QUESTION 6
Selon vous, l'école prépare-t-elle bien nos enfants à l'avenir ?

➔ **Analysez la réponse de la vidéo**

Regardez la séquence autant de fois que vous le souhaitez et faites l'exercice :

1. Relevez les deux relances de l'examinatrice en rapport direct avec la question :

....
....
....
....
....

58

→ C'est à vous !

Pour cette question, le temps de réponse attendu est d'environ 3 minutes 30.

Pour exprimer votre opinion, votre accord ou désaccord et pour organiser vos idées, vous pouvez commencer par vous inspirer des structures et du vocabulaire de **Pour vous aider** du niveau C1 (page 57), puis consulter le **Pour vous aider** ci-après pour des expressions supplémentaires, aux intentions plus marquées.

Pour vous aider

Exprimer votre certitude/convaincre :
- Je suis convaincu(e) que…
- Il n'y pas l'ombre d'un doute que…
- Il est incontestable que…
- C'est un fait établi que…
- Il faut se rendre à l'évidence…
- Quand je disais que…/je voulais surtout dire que…
- Je voudrais souligner l'importance de …
- J'en mettrais ma main à couper…

Exprimer la probabilité/des hypothèses :
- Il se pourrait bien que…
- Il n'est pas impossible que…
- Il y a des chances que…
- Il est (peu) probable que…
- Il n'est pas exclu que…

Arguments positifs :
- L'école est le premier lieu de socialisation en dehors de la famille, c'est un lieu de mixité où l'on se confronte aux autres et c'est le premier pas pour préparer l'avenir.
- L'apprentissage des règles de société ne pourrait mieux s'y faire ailleurs.
- On y acquiert une somme de connaissances théoriques et techniques indispensable.
- L'école ne pourra jamais parfaitement préparer à un emploi précis mais elle offre les armes pour s'y adapter et surtout pour s'adapter à la vie adulte.

Arguments négatifs :
- L'école est parfois vécue comme un lieu d'uniformisation et, dans ce sens, prépare plus à juger qu'à s'ouvrir.
- Toutes les écoles ne se valent pas. La mixité sociale n'est pas une réalité et le système scolaire est souvent le royaume de la compétition.
- On ne peut pas attendre de l'école qu'elle remplace le rôle d'éducateur des parents, ni qu'elle remplace d'autres lieux de socialisation telle qu'une équipe de sport ou une association.

Organiser vos idées :
- Ordonner : en premier lieu…/en second lieu…/en outre…/en guise de conclusion…
- Justifier : en effet…/pour preuve…/pour illustration…
- Exprimer la cause : en raison de…/puisque…/étant donné…/sous prétexte que…
- Exprimer la conséquence : d'où…/en conséquence…/si bien que…
- Exprimer le but : pour que…/de sorte que…/afin que…
- Opposer / concéder : or…/malgré…/bien que…/même si…/en dépit de…/toutefois…/au lieu de…

Pour la question de niveau C2, préparez-vous à :
- utiliser des formulations fortes et percutantes pour appuyer votre point de vue ;
- maîtriser des expressions populaires et proverbes ;
- aborder tous les types de sujets : généraux et spécialisés.

La question de niveau C2 vise à évaluer votre excellente **maîtrise des techniques d'argumentation**. Vous devez aborder avec aisance et fluidité tous les sujets et les rendre intéressants pour votre interlocuteur. Vous devez également nuancer finement vos propos.
Attention à ne pas vous laisser emporter par vos paroles et soyez attentifs à ne pas dévier du sujet.

EXPRESSION ORALE

s'entraîner

Pour chaque niveau, nous vous proposons ici deux questions (par exemple, question 1 et question 1 bis) :
- Lorsqu'elles sont associées à une vidéo, vous pourrez visionner un modèle de réponse et lire sa transcription dans les corrigés (p. 106).
- Pour les autres, vous pourrez lire un modèle de réponse dans les corrigés (p. 107).

Pour chaque question, procédez en quatre temps :

1. entraînez-vous à répondre à la question sans temps de préparation :
- parlez en continu le plus longtemps possible dans la durée de réponse prévue,
- imaginez des demandes supplémentaires, surtout à partir de la question 4 de niveau B2,
- restez concentré(e) sur votre sujet, évitez de parler à côté du sujet ;

2. recommencez en vous enregistrant et en vous chronométrant ;

3. visionnez la vidéo et/ou consultez les corrigés. Notez les expressions et le vocabulaire que vous n'avez pas utilisés ;

4. répondez encore une fois à la question en vous enregistrant et en vous chronométrant.

Niveau A1 — Temps de réponse : 1 mn

QUESTION 1

« Présentez une personne de votre famille. »

QUESTION 1 bis

« Décrivez votre quartier. »

Niveau A2 — Temps de réponse : 1 mn 30

QUESTION 2

« Que faites-vous habituellement le week-end ? »

QUESTION 2 bis

« Quel est votre acteur préféré ? Pourquoi ? »

Niveau B1 — Temps de l'échange : 3 mn

QUESTION 3

« Je vais vous proposer un thème et ce sera à vous de m'interroger. Vous me posez des questions sur mes lectures. »

QUESTION 3 bis

« Je vais vous proposer un thème et ce sera à vous de m'interroger. Vous voulez partir vivre dans un pays étranger. Vous me posez des questions sur ce pays. »

Niveau B2 | Temps de l'échange : 3 mn

QUESTION 4

« Selon vous, est-ce que tout le monde a besoin de posséder une voiture ? Expliquez les avantages et les inconvénients d'une telle situation. »

QUESTION 4 bis

« Selon vous, quels sont les avantages et les inconvénients de la vie à la campagne ? »

Niveau C1 | Temps de l'échange : 3 mn

QUESTION 5

« Tout le monde devrait pouvoir se marier avec la personne de son choix. Qu'en pensez-vous ? »

QUESTION 5 bis

« Toutes les armées du monde devraient disparaître. Qu'en pensez-vous ? »

Niveau C2 | Temps de l'échange : 3 mn 30

QUESTION 6

« La mondialisation rapproche les peuples. Qu'en pensez-vous ? »

QUESTION 6 bis

« Selon vous, les différences culturelles sont-elles inéluctablement sources de conflit ? »

Le jour de l'épreuve
Concentrez-vous, respirez calmement.
Écoutez attentivement les consignes de l'examinateur.
Faites-lui répéter une consigne si vous n'êtes pas certain(e) d'avoir bien compris la question.
Posez-lui des questions si vous n'êtes pas certain(e) d'avoir compris ce que vous devez faire.
Ayez bien en mémoire ce que l'on attend de vous et ce qui vous est permis de faire.

TEST DE CONNAISSANCE DU FRANÇAIS
pour l'accès à la nationalité française

ÉPREUVE DE COMPRÉHENSION ORALE

Dans ce test, vous allez montrer votre compréhension du français parlé dans des situations de la vie quotidienne ou du monde professionnel tel que l'on peut l'entendre dans un pays francophone.

Consignes générales

Lisez **attentivement** les consignes écrites sur votre livret. Avant chaque document sonore, vous entendrez le signal sonore. **Attention,** vous n'entendrez ces documents sonores et les questions qu'une seule fois, alors, écoutez bien !

Gérez bien votre temps. Le test est chronométré : il dure 25 minutes.

Répondez directement sur la feuille de réponses. **N'écrivez rien sur ce livret.** Vous devez choisir une seule réponse (A, B, C ou D) et cocher une seule case ☒ sur la feuille de réponses.

A	B	C	D
☐	☒	☐	☐

Attention ! Si vous vous êtes trompé et avez, par exemple, coché la case B, cochez une nouvelle case et entourez cette case :

A	B	C	D
⊗	☒	☐	☐

ÉPREUVE DE COMPRÉHENSION ORALE

Test blanc n° 1

▶ Écoutez et choisissez l'image qui correspond au document sonore.

QUESTION 55

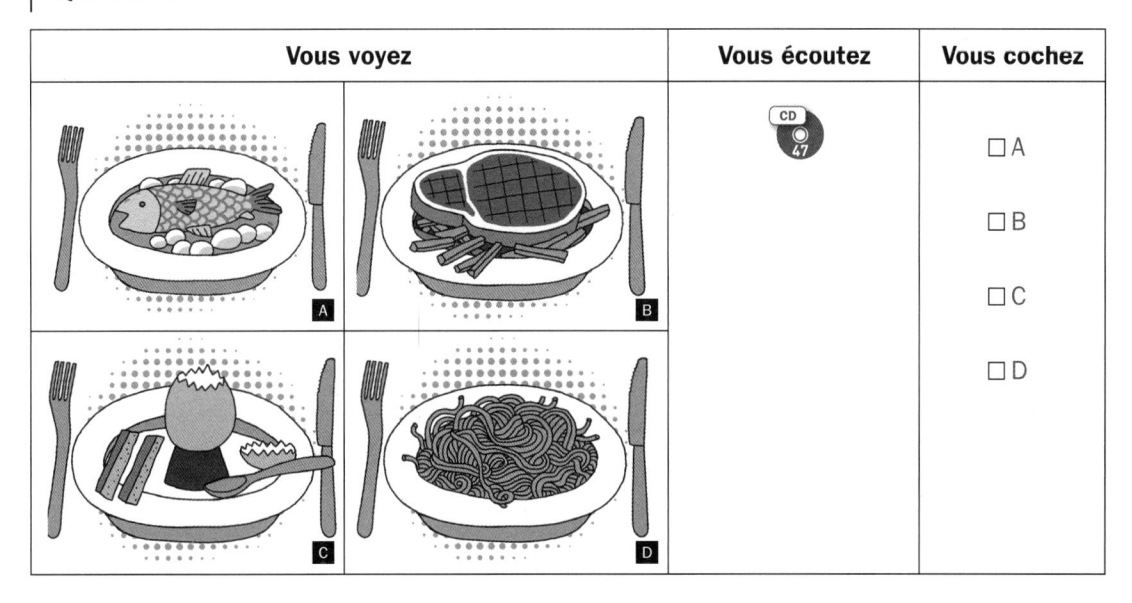

Vous voyez	Vous écoutez	Vous cochez
A B C D (images de plats)	CD 47	☐ A ☐ B ☐ C ☐ D

▶ Écoutez les quatre propositions. Choisissez celle qui correspond à l'image.

QUESTION 56

Vous voyez	Vous écoutez	Vous cochez
(image d'une boulangerie)	CD 48	☐ A ☐ B ☐ C ☐ D

63

TEST DE CONNAISSANCE DU FRANÇAIS - TCF

QUESTION 57

Vous voyez	Vous écoutez	Vous cochez
	CD 49	☐ A ☐ B ☐ C ☐ D

QUESTION 58

Vous voyez	Vous écoutez	Vous cochez
	CD 50	☐ A ☐ B ☐ C ☐ D

QUESTION 59

Vous voyez	Vous écoutez	Vous cochez
	CD 51	☐ A ☐ B ☐ C ☐ D

ÉPREUVE DE COMPRÉHENSION ORALE

▶ Écoutez et choisissez l'image qui correspond au document sonore.

| QUESTION 60 |

Vous voyez	Vous écoutez	Vous cochez
	CD 52	☐ A ☐ B ☐ C ☐ D

▶ Écoutez l'extrait sonore et les quatre propositions. Choisissez la bonne réponse.

| QUESTION 61 |

Vous écoutez	Vous cochez
CD 53	☐ A ☐ B ☐ C ☐ D

| QUESTION 62 |

Vous écoutez	Vous cochez
CD 54	☐ A ☐ B ☐ C ☐ D

▶ Écoutez le document sonore et la question. Choisissez la bonne réponse.

| QUESTION 63 |

Vous lisez	Vous écoutez	Vous cochez
A. Un bâtiment. B. Un carrefour. C. Une rue. D. Un magasin.	CD 55	☐ A ☐ B ☐ C ☐ D

65

TEST DE CONNAISSANCE DU FRANÇAIS - TCF

QUESTION 64

Vous lisez	Vous écoutez	Vous cochez
A. Emprunter de l'argent.	CD 56	☐ A
B. Suivre une formation.		☐ B
C. Travailler rapidement.		☐ C
D. Trouver un appartement.		☐ D

QUESTION 65

Vous lisez	Vous écoutez	Vous cochez
A. Il avait besoin de vêtements.	CD 57	☐ A
B. Il croyait partir avec la femme.		☐ B
C. Il espérait recevoir un cadeau.		☐ C
D. Il pensait aller faire des courses.		☐ D

QUESTION 66

Vous lisez	Vous écoutez	Vous cochez
A. La présence d'invités célèbres.	CD 58	☐ A
B. La variété des manifestations.		☐ B
C. La qualité de la communication.		☐ C
D. La facilité d'accès des stands.		☐ D

QUESTION 67

Vous lisez	Vous écoutez	Vous cochez
A. Avec sa grand-mère, pendant les vacances.	CD 59	☐ A
B. Enfant, quand elle aidait à préparer les repas.		☐ B
C. En prenant des cours du soir après l'université.		☐ C
D. Seule, cherchant dans ses propres souvenirs.		☐ D

ÉPREUVE DE COMPRÉHENSION ORALE

▶ Écoutez le document sonore et les questions. Pour chaque question, choisissez la bonne réponse.

QUESTIONS 68 ET 69

Vous lisez	Vous écoutez	Vous cochez
Question 68 A. Il est là depuis 1974. B. Il est venu en famille. C. Il a un père retraité. D. Il vivra dans un foyer.	CD 60	☐ A ☐ B ☐ C ☐ D
Question 69 A. La place de son père au foyer. B. Des études pour ses enfants. C. Un bon emploi pour lui au Mali. D. De nouveaux amis pour jouer.		☐ A ☐ B ☐ C ☐ D

▶ Écoutez le document sonore et la question. Choisissez la bonne réponse.

QUESTION 70

Vous lisez	Vous écoutez	Vous cochez
A. L'apprentissage de la langue. B. La scolarisation des enfants. C. Les échanges de courriers. D. L'insertion par le travail.	CD 61	☐ A ☐ B ☐ C ☐ D

QUESTION 71

Vous lisez	Vous écoutez	Vous cochez
A. La bande son créée pour l'occasion. B. La splendeur des images tournées. C. Le jeu magnifique des actrices principales. D. L'universalité du thème qui est traité.	CD 62	☐ A ☐ B ☐ C ☐ D

TEST DE CONNAISSANCE DU FRANÇAIS - TCF

QUESTION 72

Vous lisez	Vous écoutez	Vous cochez
A. Elle redoutait la présence de compatriotes de sa région. B. Elle était contente d'aller découvrir des gens charmants. C. Elle se demandait comment serait sa vie loin des siens. D. Elle s'imaginait faire des progrès rapides en français.	CD 63	☐ A ☐ B ☐ C ☐ D

QUESTION 73

Vous lisez	Vous écoutez	Vous cochez
A. Elle dit qu'il faut faire avec quand on fait un métier exposé au public. B. Elle admet s'en servir pour mesurer quelle est sa cote de popularité. C. Elle s'interroge sur le sérieux des informations qu'ils diffusent. D. Elle explique qu'elle a du mal à lire les articles qui s'intéressent à elle.	CD 64	☐ A ☐ B ☐ C ☐ D

QUESTION 74

Vous lisez	Vous écoutez	Vous cochez
A. Cela permet aux personnes isolées de sortir de leur département. B. C'est sécurisant pour les gens de faire du jogging à plusieurs. C. On obtient alors de biens meilleurs résultats aux courses. D. L'émulation ainsi créée donne l'énergie de poursuivre.	CD 65	☐ A ☐ B ☐ C ☐ D

▶ Écoutez le document sonore et les questions. Pour chaque question, choisissez la bonne réponse.

QUESTIONS 75 ET 76

Vous lisez	Vous écoutez	Vous cochez
Question 75 A. Il a beaucoup apprécié les moments passés en famille là-bas. B. Il a pris conscience de la très grande proximité du pays avec la France. C. Il a rencontré sur place l'acteur à qui il allait confier le premier rôle. D. Il s'est imaginé vivre plusieurs mois dans le village du réalisateur.	CD 66	☐ A ☐ B ☐ C ☐ D
Question 76 A. Parce qu'ils ont pensé que le film raconte une histoire vraie. B. Parce qu'ils avaient une dette ancienne envers le réalisateur. C. Parce qu'ils croient qu'il est utile de montrer de tels parcours. D. Parce qu'ils savent à quel point le cinéma rapproche les gens.		☐ A ☐ B ☐ C ☐ D

ÉPREUVE DE COMPRÉHENSION ORALE

▶ Écoutez le document sonore et la question. Choisissez la bonne réponse.

QUESTION 77

Vous lisez	Vous écoutez	Vous cochez
A. Il était tombé amoureux d'une jeune Française. B. Le français était obligatoire en filière mécanique. C. Sa connaissance du français était fondée sur l'écrit. D. Son choix s'était porté sur le français par défaut.	CD 67	☐ A ☐ B ☐ C ☐ D

QUESTION 78

Vous lisez	Vous écoutez	Vous cochez
A. Il critique les médias français qui véhiculent des informations erronées sur les Tchèques. B. Il déplore l'état de l'économie européenne qui entraîne la faillite des petits commerces. C. Il fustige l'avidité de certains restaurateurs qui pratiquent une concurrence déloyale. D. Il incrimine la réputation faite à la gastronomie française qui en éloigne les consommateurs.	CD 68	☐ A ☐ B ☐ C ☐ D

QUESTION 79

Vous lisez	Vous écoutez	Vous cochez
A. C'est l'une des rares promesses électorales qui aura été tenue. B. La rénovation engagée a duré plus longtemps que prévu. C. Le plan de réaménagement a suscité de nombreuses controverses. D. Les défilés seront désormais interdits dans ce quartier.	CD 69	☐ A ☐ B ☐ C ☐ D

▶ Écoutez le document sonore et les questions. Pour chaque question, choisissez la bonne réponse.

QUESTIONS 80 ET 81

Vous lisez	Vous écoutez	Vous cochez
Question 80 A. Une montée du ressentiment à l'égard des étrangers résidents. B. Une reprise économique des firmes allemandes installées en Europe. C. Un changement dans les habitudes migratoires vers l'Allemagne. D. Un regain d'intérêt pour les populations venues du Sud de l'Europe.	CD 70	☐ A ☐ B ☐ C ☐ D
Question 81 A. Ils sont aussi diplômés que les autres migrants européens. B. Ils sont ceux qui sont les plus attachés à leur famille. C. Ils sont parmi ceux qui coûtent le moins cher à l'Allemagne. D. Ils sont plus nombreux que les anciens migrants turcs.		☐ A ☐ B ☐ C ☐ D

TEST DE CONNAISSANCE DU FRANÇAIS - TCF

▶ Écoutez le document sonore et la question. Choisissez la bonne réponse.

QUESTION 82

Vous lisez	Vous écoutez	Vous cochez
A. Elle a reçu une formation pédagogique différente.	CD 71	☐ A
B. Elle attache peu d'importance au milieu familial.		☐ B
C. Elle a une vision différente du rôle de l'école.		☐ C
D. Elle milite pour faire la classe dans les villages.		☐ D

QUESTION 83

Vous lisez	Vous écoutez	Vous cochez
A. Parce qu'il est nécessaire de jouer sans jamais regarder le public dans la salle.	CD 72	☐ A
B. Parce qu'il s'agit de rendre plausible le monologue intérieur déversé à voix haute.		☐ B
C. Parce que le personnage reste silencieux tout en semblant parler sur scène.		☐ C
D. Parce que le texte à dire est ardu à mémoriser du fait de sa densité verbale.		☐ D

QUESTION 84

Vous lisez	Vous écoutez	Vous cochez
A. Se faire passer pour un bouc-émissaire pour cacher son manque de talent.	CD 73	☐ A
B. Se faire passer pour un contestataire afin de mieux profiter du système.		☐ B
C. Se faire passer pour un exilé politique tandis que l'on circule librement.		☐ C
D. Se faire passer pour un grand intellectuel alors que l'on ne produit rien.		☐ D

ÉPREUVE DE COMPRÉHENSION ORALE

Test blanc n° 2

▶ Écoutez et choisissez l'image qui correspond au document sonore.

QUESTION 85

Vous voyez	Vous écoutez	Vous cochez
	CD 74	☐ A ☐ B ☐ C ☐ D

▶ Écoutez l'extrait sonore et les quatre propositions. Choisissez la bonne réponse.

QUESTION 86

Vous écoutez	Vous cochez
CD 75	☐ A ☐ B ☐ C ☐ D

▶ Écoutez les quatre propositions. Choisissez celle qui correspond à l'image.

QUESTION 87

Vous voyez	Vous écoutez	Vous cochez
	CD 76	☐ A ☐ B ☐ C ☐ D

TEST DE CONNAISSANCE DU FRANÇAIS - TCF

QUESTION 88

Vous voyez	Vous écoutez	Vous cochez
	CD 77	☐ A ☐ B ☐ C ☐ D

▶ Écoutez l'extrait sonore et les quatre propositions. Choisissez la bonne réponse.

QUESTION 89

Vous écoutez	Vous cochez
CD 78	☐ A ☐ B ☐ C ☐ D

QUESTION 90

Vous écoutez	Vous cochez
CD 79	☐ A ☐ B ☐ C ☐ D

QUESTION 91

Vous écoutez	Vous cochez
CD 80	☐ A ☐ B ☐ C ☐ D

QUESTION 92

Vous écoutez	Vous cochez
CD 81	☐ A ☐ B ☐ C ☐ D

ÉPREUVE DE COMPRÉHENSION ORALE

▶ Écoutez le document sonore et la question. Choisissez la bonne réponse.

QUESTION 93

Vous lisez	Vous écoutez	Vous cochez
A. Pour aller au cinéma. B. Pour consulter un médecin. C. Pour revoir des amis. D. Pour rattraper un cours.	CD 82	☐ A ☐ B ☐ C ☐ D

QUESTION 94

Vous lisez	Vous écoutez	Vous cochez
A. Des immigrés à Paris. B. L'Afrique de l'Ouest. C. Les populations noires. D. Retour 30 ans après.	CD 83	☐ A ☐ B ☐ C ☐ D

QUESTION 95

Vous lisez	Vous écoutez	Vous cochez
A. Elle espère trouver un logement en location. B. Elle est habituée à vivre là depuis trois ans. C. Elle veut faire des économies sur ses trajets. D. Elle voudrait quitter l'université au plus vite.	CD 84	☐ A ☐ B ☐ C ☐ D

QUESTION 96

Vous lisez	Vous écoutez	Vous cochez
A. Il s'agit d'un monument classé. B. Il est situé en haut d'une maison. C. C'est une belle entreprise familiale. D. Le bâtiment vient d'être rénové.	CD 85	☐ A ☐ B ☐ C ☐ D

QUESTION 97

Vous lisez	Vous écoutez	Vous cochez
A. Elle essaye d'être le plus autonome possible. B. Elle s'imagine devenir riche en économisant. C. Elle veut rembourser de l'argent à ses parents. D. Elle voudrait quitter l'université au plus vite.	CD 86	☐ A ☐ B ☐ C ☐ D

TEST DE CONNAISSANCE DU FRANÇAIS - TCF

QUESTION 98

Vous lisez	Vous écoutez	Vous cochez
A. Il la persuade de se mettre au travail. B. Il la pousse à sortir de chez elle s'aérer. C. Il la taquine sur son manque d'entrain. D. Il l'encourage à profiter de son temps libre.	CD 87	☐ A ☐ B ☐ C ☐ D

QUESTION 99

Vous lisez	Vous écoutez	Vous cochez
A. C'est une femme pleine de dynamisme, malgré son âge. B. Elle a fait de sa carrière un combat pour l'indépendance. C. Son spectacle en cours est le dernier qu'elle donnera. D. Un disque de chansons d'opérettes célèbres lui a été dédié.	CD 88	☐ A ☐ B ☐ C ☐ D

QUESTION 100

Vous lisez	Vous écoutez	Vous cochez
A. C'est une période de tristesse qui l'a motivée. B. Elle la présente comme un choix longuement mûri. C. Elle l'attribue à un acte qu'elle qualifie d'irréfléchi. D. Il s'agit, selon elle, de l'aboutissement d'un rêve.	CD 89	☐ A ☐ B ☐ C ☐ D

QUESTION 101

Vous lisez	Vous écoutez	Vous cochez
A. C'est en milieu associatif qu'il perdure le plus. B. Il est surtout tourné vers les jeunes en difficulté. C. Il semble prendre des formes nouvelles plus libres. D. On le trouve essentiellement parmi les étudiants.	CD 90	☐ A ☐ B ☐ C ☐ D

QUESTION 102

Vous lisez	Vous écoutez	Vous cochez
A. De favoriser la mise en concurrence permanente des individus. B. De mettre à mal les principes de base du journalisme rigoureux. C. De présenter des actualités dictées par des intérêts économiques. D. De racoler les lecteurs en leur proposant des titres alléchants sans fond.	CD 91	☐ A ☐ B ☐ C ☐ D

QUESTION 103

Vous lisez	Vous écoutez	Vous cochez
A. L'absence de prélèvement biologique sur les articles. B. La pollution sérieuse engendrée par le fret en camion. C. L'incertitude sur l'origine des marchandises vendues. D. Le manque de respect de la réglementation sanitaire.	CD 92	☐ A ☐ B ☐ C ☐ D

ÉPREUVE DE COMPRÉHENSION ORALE

QUESTION 104

Vous lisez	Vous écoutez	Vous cochez
A. Il a aimé les personnages portés à l'écran. B. Il a beaucoup ri, malgré le sujet du film. C. Il a découvert un premier film poignant. D. Il a trouvé le propos juste, traité avec sobriété.	CD 93	☐ A ☐ B ☐ C ☐ D

QUESTION 105

Vous lisez	Vous écoutez	Vous cochez
A. Parce qu'elle a préféré le confort de son ancien logement à un autre lieu. B. Parce qu'elle fait perdurer les souvenirs de son enfance pour se protéger. C. Parce qu'elle s'est installée en France dans une région qu'elle méconnaît. D. Parce qu'elle vit avec des personnes qui ont la même langue en partage.	CD 94	☐ A ☐ B ☐ C ☐ D

QUESTION 106

Vous lisez	Vous écoutez	Vous cochez
A. Le manque de maturité de ses concitoyens. B. Les contradictions au sein de la société civile. C. Les mensonges constants des classes dirigeantes. D. L'hypocrisie de bon nombre de parlementaires.	CD 95	☐ A ☐ B ☐ C ☐ D

QUESTION 107

Vous lisez	Vous écoutez	Vous cochez
A. D'avoir le sentiment de ne pas faire partie d'une nation. B. De côtoyer des Français dont elle désapprouvait l'attitude. C. De représenter des valeurs auxquelles elle n'adhérait pas. D. De vivre au sein d'une communauté qui lui était étrangère.	CD 96	☐ A ☐ B ☐ C ☐ D

QUESTION 108

Vous lisez	Vous écoutez	Vous cochez
A. À leur réfutation véhémente par la population locale. B. À leur confrontation avec des faits réels historiques. C. À leur opacité pour la plupart de ses compatriotes. D. À leur manque de référence aux textes fondateurs.	CD 97	☐ A ☐ B ☐ C ☐ D

QUESTION 109

Vous lisez	Vous écoutez	Vous cochez
A. Que la population se désintéresse de la vie politique du pays. B. Que la police suspende ses investigations avant leur terme. C. Que l'économie nationale soit paralysée pendant des mois. D. Que le scandale soit étouffé après la chute du gouvernement.	CD 98	☐ A ☐ B ☐ C ☐ D

TEST DE CONNAISSANCE DU FRANÇAIS - TCF

QUESTION 110

Vous lisez	Vous écoutez	Vous cochez
A. Sur la relativité de la valeur du jugement porté sur l'autre. B. Sur le pseudo engagement des artistes modernes jugé factice. C. Sur les dessous commerciaux cachés du marché de l'art. D. Sur les effets de mode promus par l'industrie du cinéma.	CD 99	☐ A ☐ B ☐ C ☐ D

QUESTION 111

Vous lisez	Vous écoutez	Vous cochez
A. Les Chinois leur montrent comment former un groupe de salariés soudés entre eux. B. Les Chinois leur pillent leurs richesses nationales en rachetant les hydrocarbures. C. Les Chinois leur sont de parfaits étrangers qui n'ont rien de commun avec eux. D. Les Chinois leur sont préférés pour travailler au développement du réseau routier.	CD 100	☐ A ☐ B ☐ C ☐ D

QUESTION 112

Vous lisez	Vous écoutez	Vous cochez
A. Il apprécie de pouvoir profiter de ses émissions au ton décalé. B. Il s'interroge sur le bien fondé de son maintien à l'antenne. C. Il ironise sur le courage de ses directeurs de programmes. D. Il s'offusque des commentaires offensifs de ses auditeurs.	CD 101	☐ A ☐ B ☐ C ☐ D

▶ Écoutez le document sonore et les questions. Pour chaque question, choisissez la bonne réponse.

QUESTIONS 113 ET 114

Vous lisez	Vous écoutez	Vous cochez
Question 113 A. Sa passion pour les livres. B. Sa relation à sa grand-mère. C. Ses sentiments pour son père. D. Son rapport à la littérature.	CD 102	☐ A ☐ B ☐ C ☐ D
Question 114 A. À sa curiosité dévorante pour les univers saugrenus. B. À sa prédilection pour les faits divers glauques. C. À sa volonté farouche d'échapper à sa condition. D. À son attirance pour les individus hors du commun.		☐ A ☐ B ☐ C ☐ D

ÉPREUVE D'EXPRESSION ORALE

Ces documents sont à l'intention de l'examinateur.
Lors de l'épreuve, les questions vous seront communiquées oralement.

Test blanc n° 1

Question 1 de niveau A1 – 1 mn

« Décrivez votre appartement. »

Question 2 de niveau A2 – 1 mn 30

« Parlez-moi d'une personne qui vous amuse ».

Question 3 de niveau B1 – 3 mn

« Je vais vous proposer un thème et ce sera à vous de m'interroger. Vous allez bientôt emménager dans le quartier où j'habite. Nous allons devenir voisins. Posez-moi des questions sur les commerces, les transports et le voisinage ».

Question 4 de niveau B2 - 3 mn

« Selon vous, quels sont les avantages et les inconvénients de vivre dans un pays comme la France ? »

Question 5 de niveau C1 - 3 mn

« Une société idéale est une société sans règles.
Êtes-vous d'accord avec cette affirmation, pourquoi ? »

Question 6 de niveau C2 - 3 mn 30

« Partir vivre dans un pays étranger c'est faire table rase du passé.
Partagez-vous cette affirmation ? Pourquoi ? »

Test blanc n°2

Question 1 de niveau A1 – 1 mn

« Décrivez un animal. »

Question 2 de niveau A2 – 1 mn 30

« Parlez-moi de votre enfance. »

Question 3 de niveau B1 – 3 mn

« Je vais vous proposer un thème et ce sera à vous de m'interroger. Je connais quelqu'un qui est parti s'installer à l'étranger. Posez-moi des questions sur les difficultés qu'il a rencontrées. »

Question 4 de niveau B2 - 3 mn

« Selon vous, quels sont les effets positifs et négatifs d'élever ses enfants dans un pays différent du sien ? »

Question 5 de niveau C1 - 3 mn

« On pense bien souvent que la richesse engendre le bonheur. Partagez-vous cette opinion et pourquoi ? »

Question 6 de niveau C2 - 3 mn 30

« Quand on atteint l'âge de la majorité, on découvre enfin ce qu'est la liberté. Êtes-vous d'accord avec cette affirmation et pourquoi ? »

La France, c'est…

Le domaine personnel

1. LES LOISIRS EN FRANCE

Des loisirs plus féminins…	Femmes	Hommes
Cuisiner	59%	46%
Faire de la couture ou du tricot	35%	4%

Des loisirs plus masculins…	Hommes	Femmes
Bricoler	75%	51%
Faire du sport	71%	63%
Assister à des événements sportifs	49%	26%
Jouer à des jeux vidéo	33%	22%

Des loisirs plus jeunes…	Jeunes	Senior
Écouter de la musique	87%	75%
Regarder des vidéos	78%	37%
Aller au cinéma	78%	57%
Jouer à des jeux de société	61%	15%
Jouer à des jeux vidéo	52%	12%
Jouer d'un instrument	30%	12%

Des loisirs plus senior…	Senior	Jeunes
Jardiner	60%	30%
Aller au musée	50%	40%
Aller au théâtre	45%	26%
Faire de la couture ou du tricot	35%	4%

84% des Français déclarent que le rythme de leurs sorties ne leur convient pas totalement. En cause :
- le budget ;
- l'habitation trop éloignée des lieux de sortie souhaitée ;
- pas assez de proches (amis, famille, etc.) pour sortir accompagné ;
- la vie de famille (enfants, parents, etc.) et professionnelle chronophages ;
- les activités extraprofessionnelles (sport, arts, etc.) qui occupent trop de temps libre.

2. LE TOURISME EN FRANCE

- La destination France conserve le premier rang mondial avec plus de 81 millions d'arrivées de touristes interrenationaux, et le 3e rang en termes de recettes (39,2 milliards d'euros).

- Le taux de départ en voyage des Français est de 75,9 % en 2011. Ils ont réalisé 204 millions de voyages pour des motifs personnels, dont 89 % en France métropolitaine.

3. ÉGALITÉ HOMME-FEMME EN FRANCE : ÉTAT DES LIEUX

En 2013, qu'en est-il de la parité homme-femme en France ?

Le taux d'emploi des femmes est passé de 60 % en 1975 à 82 % à l'heure actuelle avec un taux pratiquement inchangé pour les hommes (92 %).

Les femmes perçoivent un salaire inférieur de 20 % à celui des hommes. Cet écart est plus ou moins important selon la catégorie socio-professionnelle.

Lorsqu'un ménage s'agrandit par la naissance d'un enfant, les femmes sont les premières à s'éloigner du marché du travail, leur taux d'activité baisse considérablement avec l'arrivée du troisième enfant. L'activité masculine, quant à elle, reste stable quelle que soit la configuration familiale.

D'ici 2016, les personnels encadrants des sociétés françaises devront être à 40 % féminins, c'est ce qu'une loi nouvellement adoptée impose.

Enfin, qu'en est-il de la répartition des tâches ménagères ? Même si les hommes s'impliquent davantage, les femmes continueraient d'assurer près de 80 % des tâches domestiques et le déséquilibre s'accentuerait avec l'arrivée d'un enfant.

Heureusement qu'il existe une journée de la femme, durant laquelle les compagnons attentionnés se chargent généreusement de faire la vaisselle… Histoire de patienter les 364 autres jours de l'année…

4. LA SOLITUDE URBAINE

QUELQUES CHIFFRES RÉCENTS SUR LA SOLITUDE ET L'ISOLEMENT EN FRANCE

- 4 millions de Français souffrent d'isolement.
- 50 % sont des actifs, 30 % des retraités (dont 20 % ont plus de 75 ans) et 20 % dans une autre situation (inactifs, étudiants…).
- 50 % n'entretiennent pas de relations sociales avec leur voisinage, en dehors du « bonjour-bonsoir ».
- 33 % des Français rencontrent rarement leur famille (une ou deux fois l'an).
- Environ 30 % des habitants des grandes villes françaises vivent seuls.

Tous ensemble contre la solitude !

C'est en ville que l'on rencontre le plus grand nombre de personnes vivant seules. Cette situation peut être liée à différents facteurs : vieillissement, désocialisation liée à l'emploi, ruptures familiales, déracinement… Néanmoins, vivre seul est aussi un choix revendiqué par de nombreuses personnes, qui ne sont d'ailleurs pas forcément isolées.

Même s'il revêt des aspects différents, le sentiment de solitude est aussi fort en ville qu'à la campagne. En revanche, il est plus important chez les personnes faiblement diplômées, les chômeurs et chez les personnes ayant des problèmes de santé.

La solitude revêt un danger non négligeable. En effet, toute personne éloignée de sa famille et privée de lien amical ou relationnel, peut se retrouver en péril physique ou mental lorsque survient un accident ou un incident de la vie.

Les principales personnes concernées sont les aînés, les jeunes et les actifs des classes moyennes et supérieurs.

Article publié le 25/11/2012, www.pensermaville.fr

Vous souhaitez réagir à cet article ? Quelles solutions afin de lutter contre l'isolement et la solitude en ville proposez-vous ?

« Permettre aux jeunes d'accéder aux loisirs devrait être une priorité. Mais surtout ce qui manque c'est la convivialité, il faut (re)créer des lieux et des situations de rencontres. Et si on remettait au goût du jour les bancs publics, les fêtes populaires, les apéros et repas de quartier ? »
Patrice, 21 ans, Lyon, le 23/12/2012

« Compte tenu du vieillissement de la population, l'augmentation constante du prix des logements et la perte progressive du lien social, il est devenu urgent de repenser l'habitat et surtout le vivre ensemble. J'ai une amie qui est en colocation avec une personne âgée. En échange de travaux dans sa maison – courses, préparation des repas, ménage, balades et une soirée en tête à tête par semaine – elle est logée gratuitement dans une chambre de sa maison. C'est sûr que le pari peut être risqué si l'on tombe sur une personne casse-pieds mais je sais que mon amie et cette dame ont tissé de réels liens d'amitié. »
Clara, 23 ans, 14/04/2013

« Et si on vivait seul mais en partageant des services et des espaces de vie ? L'habitat serait un lieu de partage de type coopératif, avec des logements plus petits mais des chambres d'amis, une salle de réunion, un atelier, un jardin commun. Les retraités pourraient y faire un peu de garde d'enfants ou d'aide aux devoirs, les jeunes rendraient d'autres services. »
Raymond, 67 ans, 07/05/2013

« Moi, ce que je remarque depuis quelques années, c'est que je suis la cible d'un « marketing de la solitude » : speed dating, vacances pour célibataires, sites de rencontres sur Internet… J'ai multiplié le nombre de mes amis et contacts, mais me sens-je moins seule depuis ? »
Chantal, 44 ans, 18/08/2013

Le domaine éducationnel

1. LA VIE AU COLLÈGE : DIALOGUE PARENTS-PROFESSEURS

CAHIER DE CORRESPONDANCE

Votre fille n'a pas fait l'exercice demandé à la maison.
Ma fille ne peut pas assister aux heures d'études car elle doit prendre le car pour rentrer à la maison. Je l'aide à la maison, mais je n'ai malheureusement pas toujours le temps de tout vérifier. Je veillerai à ce que cela ne se reproduise plus.

Votre fille n'apprend pas ses leçons.
Ses 2 dernières notes sont en-dessous de la moyenne.
Ma fille apprend ses leçons mais en ce moment, elle est très fatiguée et a peut-être du mal à se concentrer... Nous allons diminuer ses heures d'entraînements sportifs, mais elle a aussi besoin de faire d'autres activités que l'école.

Les élèves de la classe 6 B auront un contrôle de mathématiques vendredi 8 décembre prochain.
Je m'interroge : ma fille a des contrôles presque tous les jours. En septembre, c'était les évaluations nationales, elles sont terminées mais les contrôles continuent. Je trouve le rythme très intense, qu'en pensez-vous ? Y aura-t-il une pause ?

Mme Baulet, professeur principal, organise une sortie le jeudi 14 avril. Les élèves de la classe 6 B iront voir la projection d'un film historique au cinéma de la ville.
C'est la 3e sortie proposée ce trimestre. Je sais que les enfants les apprécient mais toutes ces sorties ont un coût. Puis-je bénéficier d'une aide pour ces frais ?

Votre fille est arrivée en retard au cours de mathématiques et elle avait oublié son livre d'arithmétique. Elle n'a pas été acceptée par son professeur et a passé l'heure en permanence.
Effectivement, ma fille a raté le bus, car je n'ai pas réussi à la réveiller... Je vous prie de l'en excuser.

Votre fille a perdu sa carte de cantine.
Je l'ai retrouvée depuis. Je suis désolée pour les perturbations que son oubli a pu causer.

2. LA LAÏCITÉ

Une succession de lois depuis le XVIIIe siècle a abouti en France à une conception de l'organisation de la société et une éthique basée sur la liberté de conscience nommée laïcité.

Textes qui institutionnalisent la laïcité :

1789 : « Nul ne doit être inquiété pour ses opinions, même religieuses », article X de la Déclaration des droits de l'homme et du citoyen.

1881-1882 : Les lois de Jules Ferry instituent l'école publique gratuite, laïque et obligatoire.

1905 : « La République ne reconnaît, ne finance ni ne subventionne aucun culte », article 2 de la Loi de séparation des Églises et de l'État.

1959 : Les écoles sous contrat avec l'État sont subventionnées grâce à la Loi Debré.

1989 : « Dans les collèges et les lycées, les élèves disposent, dans le respect du pluralisme et du principe de neutralité, de la liberté d'information et de la liberté d'expression », article 10 de la Loi Jospin.

2004 : « Dans les écoles, les collèges et les lycées publics, le port de signes ou tenues par lesquels les élèves manifestent ostensiblement une appartenance religieuse est interdit », article L.141-5-1 de la Loi sur les signes religieux dans les écoles publiques.

3. LES ACTIVITÉS EXTRA SCOLAIRES

Capitaine de l'équipe de rugby, trésorier de l'association des élèves, président du club de moto... On assiste à une inflation des activités extra-scolaires censées contribuer à bâtir un CV parfait. Mais il n'y a pas que le CV dans la vie. Même l'ancien doyen des études de Harvard le dit : « Vous aurez une vie plus équilibrée si vous vous adonnez à quelques activités par plaisir plutôt que d'essayer d'y jouer un rôle de premier plan en pensant que ça vous permettra de sortir du lot quand vous chercherez du travail. »

En participant au club théâtre du lycée, j'ai appris à poser ma voix, à canaliser mon énergie et à aimer la littérature. Je suis maintenant bien meilleur à l'oral !

Au foot, j'ai appris à tenir compte de tous les membres de l'équipe, à ne pas être trop individualiste...

Prendre des cours de chant, de théâtre et de danse m'a beaucoup aidé dans mon métier de formatrice. Je suis plus à l'aise en public.

Chez les scouts, j'ai appris à me débrouiller toute seule mais aussi à partager la vie quotidienne avec d'autres...

Cela fait 7 ans que je fais de la flûte. J'ai compris qu'il fallait apprendre régulièrement parce qu'il n'y a que comme ça que l'on progresse.

Moi, j'accompagne des personnes âgées en vacances. J'ai compris que je pouvais être utile, que l'on pouvait avoir besoin de moi.

4. LES ADOLESCENTS ET LES ÉCRANS

La moyenne d'utilisation des écrans, tous écrans confondus, est supérieure à 20 heures par semaine chez les adolescents. Les garçons passent 9 heures de plus (par semaine) que les filles devant les écrans.

- Un écolier en primaire passe, tous les ans, plus de temps devant la télé que face à son instituteur (956 heures contre 864).
- Les jeunes âgés de 11 à 14 ans passent en moyenne 2 heures par jour devant la télévision.
- 41 % des 13-14 ans ont une télé dans leur chambre.
- Entre 1983 et 2007, les budgets de publicité ciblant les enfants sont passés de 100 millions à 17 milliards de dollars.

- Les 16-17 ans sont équipés à 95 % d'un téléphone portable.
- Environ 1 élève sur 2 avoue avoir déjà utilisé son téléphone en classe.
- 7 % ont déjà filmé un professeur en cours.
- 74 % des 11-14 ans ont un forfait bloqué ou une carte, mais avec l'option SMS illimités.
- Jusqu'à 1 000 textos par mois chez les 13-17 ans.

- 98 % des adolescents ont un compte Facebook.
- Les jeunes âgés de 11 à 14 ans passent en moyenne 50 minutes devant un ordinateur.

Et mon enfant, combien de temps passe-t-il devant les écrans ?
Est-ce que ça influence son comportement ?
Est-ce que je sais ce qu'il regarde ?
Est-ce que je dois limiter le temps d'utilisation ?
Est-ce qu'il ne serait pas mieux à jouer dehors ?
Est-ce que le contrôle parental est efficace ?
Est-ce qu'Internet n'est pas une merveilleuse source de connaissances ?
Est-ce qu'il me parle plus ou moins qu'avant ?
Est-ce que c'est dû aux écrans ?
Est-ce qu'il doit avoir son propre téléphone portable ?
Est-ce que je l'autorise à emmener son téléphone à l'école ?
Est-ce que je peux l'empêcher de s'en servir quand il veut ?
Est-ce que ça me rassure de pouvoir le joindre quand je veux ?

- 97 % des jeunes ont au moins une console chez eux et 90 % l'utilisent tous les jours.
- Plus de 24 % des jeux vidéo favoris des adolescents sondés sont destinés à un public adulte.

Le domaine public

1. LES 10 VILLES PRÉFÉRÉES DES FRANÇAIS

Pour choisir leurs 3 villes préférées, les Français avancent comme critères :

- le coût de la vie, l'ambiance et la convivialité, la sécurité des biens et des personnes,
- le climat, la possibilité de se déplacer facilement, l'architecture et l'esthétisme, l'intérêt touristique,
- de la région, le dynamisme en matière économique et d'emploi, l'offre culturelle et de loisirs, la qualité de l'environnement et l'absence de pollution.

2. LES MÉDIAS : TÉMOIGNAGES

Que pensez-vous de la presse gratuite ?

Ahmad, *lycéen*

Moi je lis la presse gratuite, car justement, c'est gratuit... C'est plus un résumé de l'actualité qu'une source de réflexion. C'est pratique pour se tenir informé en allant au lycée. C'est une compilation des dépêches AFP, cette presse n'est donc pas influencée par un courant politique. Mais, du coup les infos ne sont pas développées. Pour moi, ce n'est pas un problème, si un sujet m'intéresse, je vais rechercher ailleurs, sur les sites Internet des journaux nationaux comme *Le Monde* ou *Libération* !

Jean-Claude, *retraité*

La presse gratuite ne survit que par ses annonceurs. Personnellement, j'ai du mal à faire confiance à une presse qui n'est financée que par des sociétés privées... Je préfère lire les grands journaux nationaux qui valent bien mieux que cette presse-là. Je suis abonné au *Figaro* d'ailleurs.

Camilla, *employée de banque*

On leur reproche souvent que leur seul financeur soit les boîtes de pub, mais il ne faut pas oublier que l'ensemble des médias, et notamment la télévision et la radio, vivent de la publicité. De toute façon la presse va mal en France : on supprime les aides diverses et les trois quarts des revues disparaissent... Moi, tant que ces journaux existent, je les lis et je continue d'acheter mes magazines spécialisés.

3. LA VIE POLITIQUE FRANÇAISE

Lors de la Révolution française, les membres de l'Assemblée constituante favorables au roi avaient pris l'habitude de se placer à droite de l'hémicycle, tandis que ses opposants s'installaient à gauche. Ce positionnement droite/gauche au sein de l'Assemblée nationale est demeuré après le monarchisme.

Voici, dans le quizz, les partis qui présentaient un candidat au premier tour des élections présidentielles de 2012 :

QUIZZ – Retrouvez le commentaire qui correspond au logo.

1. Debout la République
2. Europe Écologie les Verts
3. Front de Gauche
4. Lutte Ouvrière – Union Communiste (trotskyste)
5. Mouvement Démocrate
6. NPA – Nouveau Parti Anticapitaliste
7. UMP
8. PS

A. D'abord baptisé Union pour la Majorité Présidentielle, l'actuel Union pour un Mouvement Populaire est le principal parti de droite en France.

B. Le parti Socialiste est le plus important parti politique de gauche (en nombre de militants et d'élus).

C. C'est le regroupement de différents partis écologistes, symbolisé par la couleur verte.

D. Il réunit plusieurs partis de gauche, notamment le Parti communiste et le Parti de gauche.

E. D'idéologie communiste, reconnaissable au rouge de leurs drapeaux ainsi qu'au symbole de la faucille et du marteau, ce parti est situé à l'extrême gauche.

F. Créé en 2008, c'est un parti qui se définit comme patriote, gaulliste et républicain. Le violet de son logo est la combinaison des trois couleurs du drapeau français.

G. Créé en 2009 et basé sur une idéologie anticapitaliste, ce rassemblement de diverses formations politiques est situé à l'extrême gauche.

H. La couleur neutre de son logo, ni rouge, ni bleue a été choisie pour symboliser le centrisme.

Réponses : 1–F ; 2–C ; 3–D ; 4–E ; 5–H ; 6–G ; 7–A ; 8–B.

4. TROIS LOIS FRANÇAISES QUI ONT SOULEVÉ DE GRANDS DÉBATS

A. Le mariage et l'adoption pour les couples de même sexe (2013)

Malgré de vives polémiques nationales, la France, conduite par le président socialiste François Hollande, est le 14e pays au monde à adopter la loi autorisant les couples de même sexe à se marier et à adopter des enfants. Ce texte reconnaît par ailleurs les mariages célébrés à l'étranger avant l'entrée en vigueur de la loi et la possibilité pour chacun des époux de porter, à titre d'usage, le nom de l'autre époux.

Quelques dates :
1982 : Robert Badinter obtient la modification du Code pénal et la dépénalisation de l'homosexualité. Désormais la majorité sexuelle est fixée à 15 ans pour tous, contre 18 ans auparavant pour les homosexuels et 16 ans pour les hétérosexuels.
1999 : le Pacte civil de solidarité (PACS) est ouvert aux couples hétérosexuels et homosexuels.
2008 : Frédéric Minvielle est déchu de sa nationalité française en raison de son mariage avec un homme aux Pays-Bas.
2013 : promulgation de la loi ouvrant le mariage et l'adoption aux couples de personnes de même sexe.

B. L'abolition de la peine de mort (1981)

Contre l'opinion d'une grande majorité de Français, François Mitterrand, en pleine campagne présidentielle, se prononce pour l'abolition de la peine de mort. Certains opposants politiques, dont Jacques Chirac, soutiendront le projet. La France est le dernier pays de la Commission européenne à avoir aboli la peine de mort.

Quelques dates :
1791 : le 30 mai est la date du premier débat officiel sur la peine de mort en France avec la présentation d'un projet de loi visant à l'abolir. L'Assemblée nationale promulgue une loi le 6 octobre 1791 refusant son abolition.
1801 : abolition de la peine de mort, mais cette disposition ne sera pas respectée.
1908 : Aristide Briand reprend le projet de loi abolitionniste, sans succès.
1981 : l'abolition est acceptée par 363 députés pour, 113 contre et 117 abstentions.
De 1984 à 1995 : 27 propositions de loi visant à rétablir la peine de mort sont déposées au Parlement.
2007 : inscription dans la Constitution de l'interdiction de la peine de mort.

C. La légalisation de l'interruption volontaire de grossesse (1975)

La pénalisation de l'avortement et les lourdes sanctions encourues depuis 1920 demeurent, jusqu'à la fin des années 1970, un frein à la libéralisation de la femme et à la réappropriation sociale de la conception et de la construction de la famille. Même soutenu par le président de la République Giscard d'Estaing, un projet de loi a rarement été aussi polémique.

Quelques dates :
1810 : le Code pénal qualifie l'avortement de crime passible de la cour d'assises.
1943 : exécution de Marie-Louise Giraud condamnée pour avoir pratiqué l'avortement sur vingt-sept femmes.
1971 : « Manifeste des 343 », dans lequel 343 femmes célèbres déclarent avoir avorté.
1975 : promulgation de la loi, dépénalisant l'interruption volontaire de grossesse pendant 5 ans.
1979 : adoption à l'Assemblée nationale du projet de loi rendant définitives les dispositions de la loi de 1975, par 271 voix contre 201, seuls 70 députés de la majorité ayant voté pour.

QUIZZ

À laquelle des personnalités politiques ci-dessous devons-nous ces lois ?

1. Robert BADINTER
juin 1981 – février 1986
Garde des Sceaux

2. Simone VEIL
mai 1974 - mars 1977
ministre de la Santé

3. Christine TAUBIRA
Depuis mai 2012
Garde des Sceaux

Réponses : 1-B ; 2-C ; 3-A.

Le domaine professionnel

1. LA RECONVERSION PROFESSIONNELLE : QUELQUES DISPOSITIFS

Changer de secteur ou de métier n'est jamais simple, il faut faire preuve d'une réelle motivation, avoir du temps et de l'argent. Voici les dispositifs qui pourront vous y aider.

Le CIF (le congé individuel de formation) : pour ceux qui veulent une formation longue.
C'est certainement le dispositif le mieux adapté pour mener à bien sa reconversion. Il permet une indemnisation pendant une formation pouvant durer jusqu'à un an (1 200 heures). Cette durée permet l'obtention d'un diplôme ou d'une qualification reconnue. Pour pouvoir en bénéficier, il faut avoir une ancienneté de deux ans, dont une dans l'entreprise actuelle. C'est au Fongécif, organisme financeur, qu'il faut soumettre votre dossier.

Le DIF (le droit individuel à la formation) : pour tous
Il octroie 20 heures de formation par an à chaque salarié, donc ne concerne que des formations très courtes. Néanmoins, il est possible de cumuler jusqu'à 120 heures en 6 ans, permettant ainsi de suivre des formations plus longues. Le DiF peut aussi être utilisé pour financer un bilan de compétences.

La VAE (la validation des acquis de l'expérience) : pour ceux qui veulent un diplôme
Grâce à ce dispositif, sans suivre de formation, il est possible d'obtenir une qualification professionnelle sur la base de son expérience, salariée ou non, professionnelle ou bénévole. Cette démarche est longue, implique la constitution d'un dossier solide et, généralement, de passer un entretien.

Le congé pour création d'entreprise : pour ceux qui veulent devenir entrepreneurs
Et pourquoi pas passer de salarié à entrepreneur ? Pari risqué. C'est pourquoi, ce dispositif permet de prendre une année (renouvelable une fois) afin de lancer ou reprendre une affaire ou de participer à la direction d'une «jeune entreprise innovante». En cas d'échec, l'ancien salarié peut retrouver son emploi ou un emploi équivalent dans son entreprise. Attention, la demande de ce type de congé, si justifiée, peut-être refusée par l'employeur.

La CRP (le congé de reclassement personnalisé) : pour les licenciés économiques
Il a été mis en place pour les salariés victimes de licenciement économique. En plus d'une allocation, il peut leur donner droit à un bilan de compétences, des actions de VAE ou de formation ainsi qu'un accompagnement.

L'AREF (l'allocation de retour à l'emploi formation) : pour les demandeurs d'emploi
Ce dispositif permet aux chômeurs percevant l'ARE de conserver cette allocation pendant la durée d'une formation prescrite par le Pôle Emploi. La durée de l'indemnisation dépend des droits du demandeur d'emploi à l'ARE.

Le plan de formation : pour la reconversion interne
La reconversion n'implique pas toujours un changement d'employeur. C'est par exemple le cas lorsque des salariés exerçant un métier en voie de disparition se trouvent contraints de changer de fonction s'ils veulent évoluer dans l'entreprise.

2. CHIFFRES SUR L'EMPLOI : CES FRANÇAIS, CHAMPIONS DE LA PRODUCTIVITÉ !

Loin des clichés sur les Français « paresseux » ou « toujours en grève ! », les statistiques démontrent qu'avec des chiffres parmi les plus élevés en matière d'heure de sommeil (doc. 1), de jours chômés (doc. 2), de temps passé à la retraite (doc. 3) et un volume horaire annuel parmi les plus bas du monde (doc. 4), la France a un taux de productivité record (doc. 5) !

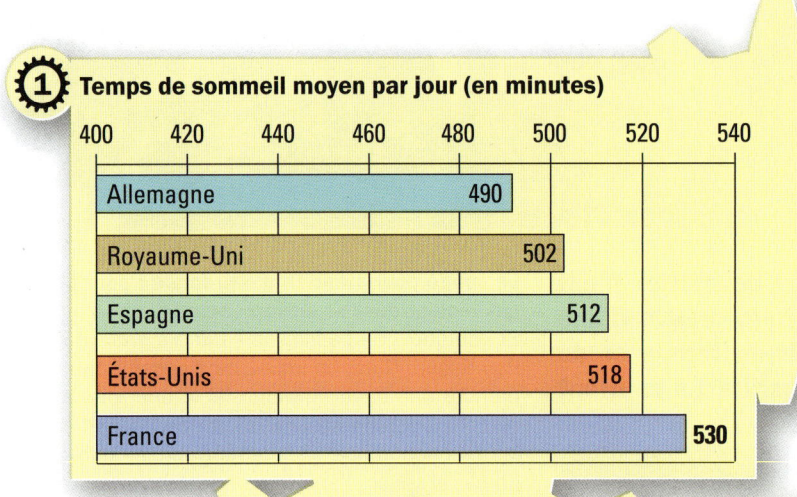

1 Temps de sommeil moyen par jour (en minutes)

Pays	Minutes
Allemagne	490
Royaume-Uni	502
Espagne	512
États-Unis	518
France	530

2 Nombre de congés payés et de jours fériés

	CONGÉS PAYÉS	JOURS FÉRIÉS	TOTAL
Espagne	22	14	**36**
France	25	11	**36**
Royaume-Uni	28	8	**36**
Allemagne	20	9	**29**
États-Unis	0	10	**10**

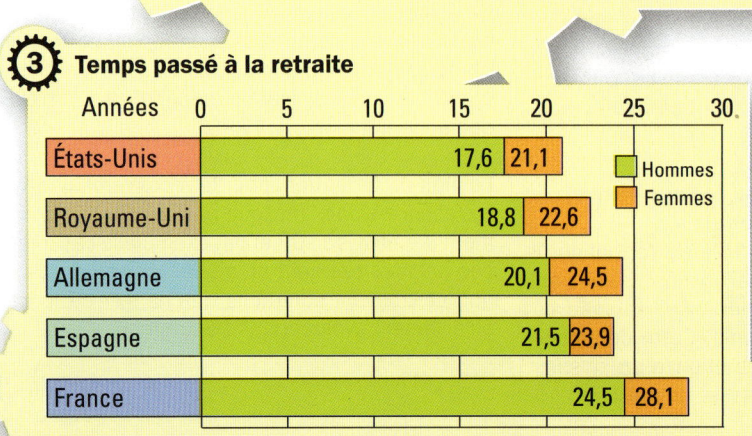

3 Temps passé à la retraite (Années)

Pays	Hommes	Femmes
États-Unis	17,6	21,1
Royaume-Uni	18,8	22,6
Allemagne	20,1	24,5
Espagne	21,5	23,9
France	24,5	28,1

④ Volume horaire annuel au travail

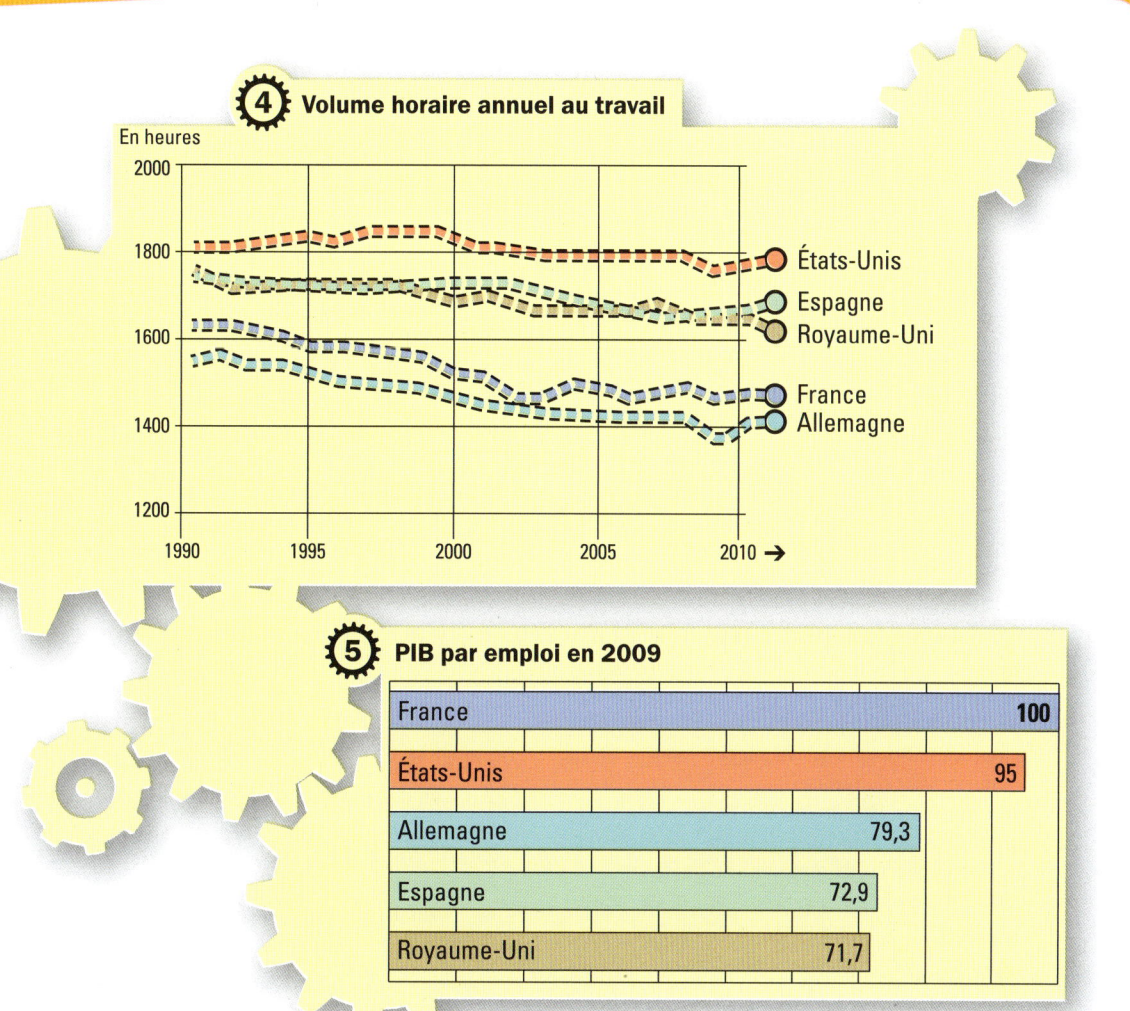

En heures

- États-Unis
- Espagne
- Royaume-Uni
- France
- Allemagne

⑤ PIB par emploi en 2009

Pays	Indice
France	100
États-Unis	95
Allemagne	79,3
Espagne	72,9
Royaume-Uni	71,7

3. LE PALMARÈS DES MÉTIERS EN FRANCE

−

Les 10 métiers que les Français aiment le moins : ce sont les métiers qui ont reçu le moins de candidatures pour le dernier trimestre 2012. Il s'agit de : ingénieur informatique, tourneur-fraiseur, électromécanicien, ingénieur bureau d'études, métiers de la maintenance et du service après-vente, administrateur système (informatique), dessinateur, chaudronnier, menuisier et chargé d'affaires dans les banques.

+

Les 10 métiers que les Français aiment le plus : ces métiers-là, à l'inverse, génèrent le plus de candidatures avec peu d'opportunités de recrutement : caissier, secrétaire, assistant en ressources humaines, vendeur, agent d'entretien, animateur, chef de rang, magasinier, secrétaire comptable et laborantin.
Il s'agit en général davantage d'emplois moins qualifiés. Une annonce d'hôtesse d'accueil engendre ainsi en moyenne près de 65 candidatures, huit fois plus que la moyenne et trente fois plus que pour un technico-commercial.

Corrigés

COMPRÉHENSION ORALE

se préparer

Question 1 – page 12

Transcription

LES QUATRE PROPOSITIONS :
A. Tu achètes du pain ici ?
B. Tu connais ce vendeur de fruits et légumes ?
C. Tu m'accompagnes au marché ?
D. Tu viens souvent dans cette boucherie ?

Question 2 – page 13

Étape 1
1. Les quatre membres d'une famille : le père, la mère, le fils et la fille.
2. Vaisselle, plats garnis, servir, se faire servir, tendre son assiette, proposer. Les regards sont tournés vers l'homme qui va servir.
3. Au moment du repas.
4. À la maison, lieu privé.
5. Moment de famille agréable, personnes souriantes, père concentré sur ses gestes.
→ Une famille est à table. C'est l'heure du déjeuner ou du dîner. Le père sert tout le monde.

Étape 2
Le père dit quelque chose en rapport avec le repas.

Étape 3
1. La réponse est A (« Donne ton assiette. »).
2.
- La réponse B (« Éteins la télé. ») n'est pas possible, la télévision visible sur le dessin est éteinte.
- La réponse C (« Ferme la porte. ») n'est pas possible, la porte visible sur le dessin est fermée.
- La réponse D (« Pose ce livre. ») n'est pas possible, le livre visible sur le dessin est posé.

Transcription

LES QUATRE PROPOSITIONS :
A. Donne ton assiette.
B. Éteins la télé.
C. Ferme la porte.
D. Pose ce livre.

Question 3 – page 15

Transcription

LE DOCUMENT SONORE :
— Alors Alexia, vous avez fait quoi avec Zachary et Rosalie hier soir ? Vous êtes allés en discothèque ou vous êtes sortis à la patinoire ?
— Ni l'un ni l'autre. Et nous ne sommes pas allés dîner chez Zachary et Rosalie non plus, c'est eux qui sont venus après le dîner. Gilles était malade, nous sommes restés à la maison et nous avons joué au Trivial Pursuit !

LA QUESTION :
Comment les deux couples ont-ils passé la soirée ?

Question 4 – page 16

Étape 1
Dessin A
1. Deux personnes : une adolescente, environ 14 ans et un homme, environ 40 ans.
2. Les deux personnages sont sur le quai et vont monter dans la rame de métro.
3. Au moment où une rame est à quai, portes ouvertes.
4. Dans le métro, sur le quai.
5. Expressions des visages neutres.

Dessin B
1. Deux personnes : une adolescente, environ 14 ans et un homme environ 40 ans.
2. Les deux personnages sont à l'arrêt de bus, ils vont monter dans le bus.
3. Au moment où le bus est à l'arrêt, portes ouvertes.
4. À un arrêt de bus, devant un bus garé, portes ouvertes.
5. Expressions des visages neutres.

Dessin C
1. Deux personnes : une adolescente, environ 14 ans et un homme environ 40 ans.
2. Les deux personnages marchent dans la rue.
3. On ne sait pas.
4. Dans la rue, devant une maison.
5. Expressions des visages neutres.

Dessin D
1. Deux personnes : une adolescente, environ 14 ans et un homme environ 40 ans.
2. Les deux personnages vont monter dans la voiture.
3. Avant de partir en voiture.
4. Autour d'une voiture garée, dans la rue, devant / à proximité d'une maison.
5. Expressions des visages neutres.

Étape 2
1. - les deux personnages ;
   - les déplacements ;
   - le lieu public ;
   - les expressions de visage neutres.
2. Le moyen de locomotion : métro, bus, voiture, à pied.

Corrigés

Étape 3
1. Les moyens de locomotion.
2. Comment les deux personnages vont-ils à/au ... (là où ils vont) ?

Étape 4
1. « Comment ces personnes vont-elles au cinéma ? »
2. La réponse est D.

Transcription
LE DOCUMENT SONORE :
— Pour aller au cinéma, nous prenons le métro ou le bus ?
— Non, ne prenons pas le métro, ne prenons pas le bus, ne prenons pas la voiture, marchons ! Ce n'est pas loin et il fait beau.
LA QUESTION :
Comment ces personnes vont-elles aller au cinéma ?

Question 5 – page 19

Transcription
L'EXTRAIT SONORE :
— Alphonse, j'ai rendez-vous avec monsieur Tremblay à 15h30 cet après-midi ?
LES QUATRE PROPOSITIONS :
A. C'est d'accord, mais je ne pourrai pas être là.
B. Tout à fait, il vient pour un entretien d'embauche.
C. Tout est là, je vous ai préparé un dossier de presse.
D. Avec plaisir si j'ai le temps de venir.

Question 6 – page 20

Étape 1
1. Une femme employée dans une administration.
2. Elle demande à quelqu'un sa profession.
3. On ne sait pas, mais à l'heure d'ouverture du service.
4. Dans un lieu public : fond sonore caractéristique d'un service administratif ouvert au public.
5.
- Ton poli et neutre.
- Le registre est standard. Vouvoiement (emploi de « vous »).
- La phrase est une question.
→ Une employée d'un service administratif demande à quelqu'un quelle est sa profession.

Étape 2
Un des choix de réponse entendus comportera un terme correspondant à une profession.

Étape 3
La réponse est A (« Boulanger. »).

Transcription
L'EXTRAIT SONORE :
— Quelle est votre profession ?
LES QUATRE PROPOSITIONS :
A. Boulanger.
B. Canadienne.
C. Marié.
D. 20 ans.

Question 7 – page 21

Transcription
LE DOCUMENT SONORE :
— Tes affaires sont prêtes ? Tu as combien de valises ?
— Combien de valises ? Lionel, enfin, une seule ! Je ne pars que trois jours ! Il me reste encore à ranger dans mon cartable mes papiers personnels.
— Tu veux que je t'aide ?
— Non, ça va aller. Mais, est-ce que tu pourras aller récupérer mon certificat médical chez le médecin et l'envoyer à mon travail ?
— Chercher ton certificat médical chez le médecin ? Quand ça ?
— Demain, ce serait bien, comme cela tu pourras l'envoyer dans la journée.
— Mais je travaille, cela ne peut pas attendre ?
LA QUESTION :
Que pourrait faire Lionel pour aider sa compagne ?

Question 8 – page 22

Étape 1
- Les prépositions : « dans/avec/chez/au ».
- Les lieux : « avion/chez des amies/restaurant ».

Étape 2
1. Activités ou projets de loisir.
2. Une conversation ou un message vocal.
3. Que va faire ce personnage ?

Étape 3
1. Conversation amicale.
2. Il s'agit de deux amis qui discutent.
3. Elle : « Tu vas au restaurant avec tes parents le 31 décembre ? »
Lui : « Non, je vais voir Isabelle et Corinne. »
→ Deux amis discutent. La femme interroge son ami Pierre sur ses projets de réveillon pour le Nouvel An (31 décembre).

Étape 4
1. « Où Pierre passe-t-il le nouvel An ? »
2. « Je vais voir Isabelle et Corinne. »
3. La réponse est C (« Chez des amies. »).

93

Corrigés

Transcription

LE DOCUMENT SONORE :
— Pierre, tu vas au restaurant avec tes parents le 31 décembre ?
— Non, je vais voir Isabelle et Corinne. Je prends l'avion le 30.

LA QUESTION :
Où Pierre passe-t-il le Nouvel An ?

Questions 9 et 10 – page 24

Transcription

LE DOCUMENT SONORE :
— Faut-il créer un salaire pour les étudiants ? 8 000 étudiants bénéficieront d'une dotation d'autonomie créée par l'État. Rémi Martial, qu'en pensez-vous ?
— Venir en aide aux étudiants sélectionnés sur critères sociaux est une idée intéressante. Une dotation de 4 000 euros, échelonnée sur un, deux ou trois ans, leur permettra d'être autonomes financièrement pour mener à bien leur plan de formation. En revanche, je ne pense pas que les étudiants deviennent entrepreneurs du jour au lendemain. La société ne peut se contenter de leur apporter des aides financières et de les laisser faire. Il ne s'agit pas de les sortir uniquement de la précarité. Il s'agit de les accompagner tout au long de leur parcours, et de prévoir l'intervention d'organismes compétents pour cadrer ce parcours et leur faire atteindre leurs objectifs.

LA QUESTION 9 :
En quoi consiste l'aide apportée aux étudiants dont il est question ?

LA QUESTION 10 :
Que recommande l'homme interrogé ?

Questions 11 et 12 – page 26

Étape 1
Il s'agit de professions : animateur/écrivain/enseignant/psychologue.

Étape 2
- Pronom initial : elle.
- Verbes d'action : « explique/raconte/présente/exprime » (4 verbes de parole).
- Thématique commune : « notes/souvenir d'école/programme scolaire/soutien aux enseignants ».

Étape 3
1. L'école.
2. Reportage, interview, émission, conversation dans le domaine public.
3. La question peut porter sur la profession d'une personne invitée/présentée dans l'émission.
4. La question peut porter sur le propos tenu par une personne invitée/présentée dans l'émission.

Étape 4
1. Interview dans une émission.
2. Il s'agit d'un/e journaliste et d'un invité dans une émission.
3.
- Autour de la profession de l'invité : « ancien professeur/passé à l'écriture ».
- Autour des notes : « pas de notation/on ne pratique pas la notation ».
- Autour de l'école : « avec les enfants d'une école primaire/l'école de Vitruve/cycle primaire/entrent majoritairement en 6e/sachant lire, écrire, compter, créer/pédagogie de la stimulation permanente ».
- Autour du plaisir d'apprendre : « les enfants viennent en courant/joyeusement ».
→ Un homme est interrogé sur la notation à l'école. Il donne son point de vue sur l'intérêt de la notation.

Étape 5
1. « Quelle est la profession de la personne interrogée ? »
2. « Ancien professeur passé à l'écriture ».
3. La réponse est B (« Écrivain »).

Étape 6
1. « Qu'est-ce que la personne interrogée explique ? »
2. « Vous faites partie de ceux qui disent « il ne faut pas de notation »
« une école primaire tout à fait à côté de chez moi, dans laquelle on ne pratique pas la notation et dans laquelle les enfants viennent en courant, joyeusement, et quand ils ont fini leur cycle primaire, entrent majoritairement en 6e, sachant lire, écrire, compter, créer »
« la pédagogie, particulière à cette école, est une pédagogie de la stimulation permanente. »
3. La réponse est A (« Elle indique pourquoi elle est contre les notes »).

Transcription

LE DOCUMENT SONORE :
— Vous faites partie, en fait, de ceux qui disent « il ne faut pas de notation ». C'est assez curieux pour un ancien professeur passé à l'écriture ?
— Là, vous faites allusion à la pétition que j'ai signée. C'est intéressant, les raisons pour lesquelles on signe une pétition. Il se trouve que ce jour-là, j'avais travaillé toute la journée avec les enfants d'une école primaire tout à fait à côté de chez moi, qui est l'école de Vitruve,

Corrigés

dans laquelle on ne pratique pas, précisément, la notation et dans laquelle les enfants viennent en courant, joyeusement, et quand ils ont fini leur cycle primaire, entrent majoritairement en sixième, sachant lire, écrire, compter, créer, etc.
— Alors, qu'est-ce qu'ils ont donc de plus que les autres ?
— Ils ont que la pédagogie, particulière à cette école, est une pédagogie de la stimulation permanente.

LA QUESTION 11 :
Quelle est la profession de la personne interrogée ?

LA QUESTION 12 :
Qu'est-ce que la personne interrogée explique ?

s'entraîner

NIVEAU A1

Question 13 – page 28

⇨ **Réponse : C**

Transcription

LES QUATRE PROPOSITIONS :
A. Où est la gare ?
B. Où est le contrôleur ?
C. Où est le train ?
D. Où est le wagon restaurant ?

Question 14 – page 28

⇨ **Réponse : C**

Transcription

LES QUATRE PROPOSITIONS :
A. Aide-moi, je veux m'asseoir.
B. Debout, réveille-toi !
C. Prends ton parapluie, il pleut !
D. Ferme la fenêtre, s'il te plaît !

Question 15 – page 29

⇨ **Réponse : B**

Transcription

LE DOCUMENT SONORE :
— Qu'est-ce que tu veux faire ? Aller au restaurant, au cinéma ou te promener au parc Jean-Drapeau ?
— Marchons jusqu'au centre commercial ! Ce n'est pas loin et il fait beau.

LA QUESTION :
Où vont aller les deux personnes ?

Question 16 – page 29

⇨ **Réponse : A**

Transcription

LE DOCUMENT SONORE :
— Notre client chinois arrive demain. Que veut-il voir ? Un magasin, l'atelier de fabrication, le service des livraisons ou le centre d'appel ?
— Un magasin.

LA QUESTION :
Que va visiter le client chinois ?

Question 17 – page 30

⇨ **Réponse : B**

Transcription

L'EXTRAIT SONORE :
— Tu viens travailler comment, en voiture ?

LES QUATRE PROPOSITIONS :
A. Non, je suis célibataire.
B. Non, je prends le train.
C. Non, j'ai de la famille ici.
D. Non, je mange à l'extérieur.

Question 18 – page 30

⇨ **Réponse : C**

Transcription

L'EXTRAIT SONORE :
— Qu'est-ce que je vous sers, Madame ?

LES QUATRE PROPOSITIONS :
A. Un gant de toilette.
B. Un morceau de savon.
C. Un plat du jour.
D. Un chapeau de soleil.

Question 19 – page 30

⇨ **Réponse : A**

Transcription

LE DOCUMENT SONORE :
— Vous écoutez Radio Soleil et il est 7 heures. La météo du jour : beau temps dans tout le pays, avec des températures agréables. Voici le journal présenté par Rachida Kellila.

LA QUESTION :
Quand entendez-vous ce message ?

Question 20 – page 30

⇨ **Réponse : B**

Transcription

LE DOCUMENT SONORE :
— Je cherche mon fils. Il est grand, il est brun, il

a les cheveux courts et il porte des lunettes.
— Il a quel âge ?
— 12 ans.
— C'est lui là-bas devant l'ordinateur ?
— Ah oui, c'est lui.

LA QUESTION :
Que demande l'homme à l'accueil de la bibliothèque ?

NIVEAU A2

Question 21 – page 31

➪ **Réponse : C**

Transcription

LES QUATRE PROPOSITIONS :
A. Ce monument est sale !
B. Il va pleuvoir !
C. Là, une station service !
D. Montez avec nous !

Question 22 – page 31

➪ **Réponse : A**

Transcription

LES QUATRE PROPOSITIONS :
A. Est-ce que je peux vous encaisser ?
B. Pour combien de personnes avez-vous réservé ?
C. Où préférez-vous vous installer ? En terrasse ?
D. Qu'est-ce que vous prendrez messieurs dames ?

Question 23 – page 32

➪ **Réponse : C**

Transcription

LE DOCUMENT SONORE :
— Antoine, qu'est-ce que tu vas offrir à ta mère pour son anniversaire ?
— Elle n'aime pas lire, elle a mal aux dents et elle ne veut pas sortir de chez elle… des fleurs, je pense.

LA QUESTION :
Quel cadeau Antoine va-t-il faire à sa mère ?

Question 24 – page 32

➪ **Réponse : B**

Transcription

LE DOCUMENT SONORE :
— Que penses-tu de cette veste ?
— Elle est trop courte.
— Bon, et cette jolie robe fleurie ? Pas mal, non ?
— Je n'ai rien qui va avec.
— Alors, prends une jupe noire, cela va avec tout !
— Non ! Je vais plutôt essayer cette tunique bleue en soie. Elle me plaît beaucoup !

LA QUESTION :
Quel article la cliente a-t-elle choisi ?

Question 25 – page 33

➪ **Réponse : B**

Transcription

L'EXTRAIT SONORE :
— Oui Monsieur, il nous reste des chambres disponibles à cette date. Vous souhaitez réserver une chambre simple ou double ?

LES QUATRE PROPOSITIONS :
A. C'est pour 150 euros.
B. C'est pour deux personnes.
C. C'est pour deux nuits.
D. C'est pour le 2 avril.

Question 26 – page 33

➪ **Réponse : D**

Transcription

L'EXTRAIT SONORE :
— Je dois aller chez le kiné, demain soir. Est-ce que tu pourras aller chercher Anna et Kilian à l'école ?

LES QUATRE PROPOSITIONS :
A. C'est votre fille qui est à côté de vous ?
B. Est-ce que je pourrais rentrer plus tard ?
C. Ils sont en quelle classe, vos enfants ?
D. Tu as rendez-vous à quelle heure ?

Question 27 – page 33

➪ **Réponse : C**

Transcription

LE DOCUMENT SONORE :
— Quel est ton morceau préféré ?
— En ce moment, j'écoute beaucoup V. A. L. D. C'est un rappeur pas trop connu. Tu le trouves en téléchargement gratuit en fait. Il fait du freestyle, c'est intéressant.

LA QUESTION :
De quoi parle la personne interviewée ?

Question 28 – page 33

➪ **Réponse : B**

Transcription

LE DOCUMENT SONORE :
— Moi, c'est Mirela. J'ai 42 ans. Je suis entrée à

Corrigés

La Poste il y a 22 ans, le 5 janvier 1991. Je suis factrice. Dans mon arrondissement, les postiers commencent à six heures tous les matins.

La question :
Qu'apprend-on sur Mirela ?

NIVEAU B1

Question 29 – page 34

⇨ **Réponse : B**

Transcription

Le document sonore :
— Je suis fatigué ce soir. Nous avons eu une semaine bien difficile dans notre service, avec un gros projet à boucler et plein de gens absents ! J'ai hâte d'être en congé ! Je vais aller me réfugier dans ma maison de campagne et faire une bonne cure de sommeil pour oublier tout ça et bien récupérer !
— Ils sont idiots de laisser les gens partir en congé quand on est en période de bouclage !
— Oh, personne n'est en congé chez nous ! C'est l'épidémie de grippe qui est en cause !

La question :
Comment cette personne explique-t-elle son besoin de repos ?

Question 30 – page 34

⇨ **Réponse : D**

Transcription

Le document sonore :
En 1995, Étienne a 18 ans, il quitte sa province pour faire ses études à Paris. Il obtient un stage en tant qu'assistant sur une émission de télévision grand public animée par une célèbre journaliste. Il est fou de joie à l'idée de toutes ces rencontres et de ces voyages. Mais la réalité est tout autre. Lassé de ne servir que des cafés, le jeune homme part travailler pour une chaîne de télé de quartier, complètement inconnue, anarchiste et provocatrice. Aux côtés de Patrick et d'Aïcha, ses deux fondateurs, qui veulent informer autrement et en toute liberté, Étienne va laisser s'exprimer ses envies et se confronter à la réalité du monde.

La question :
Pourquoi Étienne quitte-t-il son stage ?

Question 31 – page 34

⇨ **Réponse : D**

Transcription

Le document sonore :
Chers auditeurs, bonjour !
Est-ce l'air des vacances qui a fait du bien à toute l'équipe du Petit Gourmet ou peut-être cette envie de vous faire découvrir tous les jours un peu plus la cuisine qu'on aime ? Quoi qu'il en soit, nous avons fait de notre mieux, pour vous présenter la première nouveauté de la rentrée : la grande gazette du Petit Gourmet. Nous trouvons que ça manquait à notre chronique. Rien de tel qu'une mini-revue, que vous pourrez imprimer depuis notre site, pour vous accompagner pendant votre dégustation. L'occasion pour nous de vous faire découvrir de nouveaux thèmes, de vous présenter nos événements et de parler de vous également ! Nous attendons tous vos commentaires. Bon appétit !

La question :
Qu'est-ce qui est annoncé dans cette chronique radiophonique ?

Question 32 – page 34

⇨ **Réponse : B**

Transcription

Le document sonore :
Alors, c'est l'histoire de François, père de deux enfants qu'il voit peu parce qu'il s'investit totalement dans la société qu'il a créée. Un jour, il reçoit un appel du commissariat : sa mère a été arrêtée ! C'est une femme de caractère, ce n'est pas son mari qui dirait le contraire. Et même que celui-ci en a assez ! François décide alors de passer du temps chez eux pour essayer de les réconcilier. Mais ainsi il sera mis face à sa propre situation.

La question :
Pourquoi François va-t-il chez ses parents ?

Questions 33 et 34 – page 35

⇨ **Réponse : C** (question 33)
⇨ **Réponse : A** (question 34)

Transcription

Le document sonore :
— Marc, qu'est-ce que tu veux faire ce week-end ? Je ne travaille pas, on pourrait sortir un peu de Paris pour aller à Deauville ou au Château de Versailles. Ou bien passer deux jours à Lille.
— Je dois passer le weekend avec ma grand-mère chez elle. Mais je voudrais bien voir le film avec Kad Merad qui vient de sortir. Si tu viens avec moi chez mamie, nous pourrons aller le voir samedi soir.
— D'accord, je viens. Elle habite où ?

— Tout près d'ici, dans le 15e arrondissement. Elle est à sept stations de métro de la gare.

LA QUESTION 33 :
Où Marc et son amie vont-ils passer leur fin de semaine ?

LA QUESTION 34 :
Quel projet font-ils pour leur soirée du samedi ?

Questions 35 et 36 – page 35

⇨ **Réponse : D** (question 35)
⇨ **Réponse : A** (question 36)

Transcription

LE DOCUMENT SONORE :
— Tu n'es pas très en avance !
— C'est le bus, encore !
— Quoi ? Ils étaient en grève ?
— Non, pas cette fois. Ils ne sont pas si souvent en grève. Non, il n'y avait pas de problème particulier. C'est juste qu'elle est terriblement lente cette ligne.
— Ah bon ? Moi, je trouve qu'elle est plutôt rapide.
— Une fois que tu es dedans, oui. Mais, si tu rates le bus à une minute près, tu dois attendre 15 minutes le suivant. Et c'est ce qui s'est produit ce matin. J'ai dû patienter 15 minutes, j'étais gelée.

LA QUESTION 35 :
Quel reproche cette usager fait-elle à la ligne de bus ?

LA QUESTION 36 :
Que lui est-il arrivé ?

NIVEAU B2

Question 37 – page 36

⇨ **Réponse : B**

Transcription

LE DOCUMENT SONORE :
Oui, salut Bertrand, c'est Nathalie. Tu veux bien essayer de me rappeler s'il te plaît avant de te mettre en route ? Parce qu'il y a quelques petites choses qu'il faudra amener, notamment les ballerines de Jasmine. Et puis je ne suis pas certaine que tu saches venir jusqu'au théâtre, mais bon, si tu veux, tu me rappelles dès que tu trouves mon message, merci. Et j'espère que tu n'es pas loin de te mettre en route quand même. À plus.

LA QUESTION :
Pourquoi Nathalie laisse-t-elle ce message à Bertrand ?

Question 38 – page 36

⇨ **Réponse : A**

Transcription

LE DOCUMENT SONORE :
Je ne suis pas seulement un réparateur d'instruments. Un luthier, c'est un « médecin des violons » : il diagnostique, reconstruit parfois, répare, ajuste. Mais je fais davantage : j'écoute la sonorité de l'instrument, j'écoute l'instrumentiste, j'écoute donc l'homme et son prolongement. Beaucoup de musiciens, en me tendant leur violon, me disent : « Je vous confie mon bébé. » Un musicien, à la veille d'un concert ou d'un concours crucial, a besoin d'être rassuré ; lui confirmer la parfaite fiabilité de son instrument lui permet de dépasser son anxiété. La relation s'installe pour longtemps et elle commence parfois très tôt. J'ai vu passer des générations d'enfants à qui j'ai trouvé – en location ou en vente – des instruments adaptés.

LA QUESTION :
Selon le luthier, en quoi son activité est-elle plus qu'une simple réparation ?

Question 39 – page 36

⇨ **Réponse : A**

Transcription

LE DOCUMENT SONORE :
Moi, je suis Christophe Bertrand et fais partie du groupe. C'est avec beaucoup de plaisir que nous avons organisé ce déplacement en Tchéquie. Pour ce qui est de ma course, je dirais que je m'en suis bien sorti... J'ai eu mal au dos la veille de la course et j'avais donc quelques inquiétudes. Mais finalement la magie et la chimie du ski de fond font que la journée s'est très bien passée, même bien mieux que je ne l'imaginais. Je dois être dans les 800es en quatre heure moins le quart ou quelque chose comme ça. Mais le résultat est passé un peu au deuxième plan. L'ambition, c'était de passer une bonne journée, et de ce côté-là je n'ai pas été déçu. Les gens sont très agréables, c'était très *fair-play* par rapport à d'autres courses qu'on a pu faire. Il n'y a pas eu de bousculades et surtout pas du tout d'agressivité. C'était vraiment très bon enfant. Tout le monde participe : les champions et les moins champions. Donc une excellente expérience. (www.radio.cz)

LA QUESTION :
Que dit Christophe Bertrand de sa journée de course de ski en Tchéquie ?

Corrigés

Question 40 – page 37

⇨ **Réponse : C**

Transcription

LE DOCUMENT SONORE :
— Yves Quéré, parlez-nous de la place de la science à l'école.
— Souvent, pour les instituteurs, la science apparaît inabordable en raison du manque de temps et aussi à cause des programmes qui réservent peu d'heures d'enseignement à la science. Généralement, les cours de sciences se font sous forme d'expériences. Le point positif consiste à pouvoir faire de la science avec peu de matériel.
— Vous distinguez deux types d'enseignement complémentaires.
— Oui, il y a l'enseignement vertical ; soit apprendre par cœur le savoir que délivre l'instituteur. Et l'enseignement horizontal où l'enfant apprend en raisonnant, par de petites expériences. Ce type d'enseignement s'applique parfaitement à la science. J'ai une maxime qui illustre cela : « Dis-moi et j'oublierai. Explique-moi et je comprendrai. Implique-moi et je retiendrai. »

LA QUESTION :
Que recommande Yves Quéré ?

Questions 41 et 42 – page 37

⇨ **Réponse : B** (question 41)
⇨ **Réponse : C** (question 42)

Transcription

LE DOCUMENT SONORE :
— Yves Jeuland, où avez-vous trouvé les archives pour réaliser votre documentaire sur le Paris artistique de l'après-guerre ?
— Pour l'essentiel, à l'Institut national des archives. Comme j'ai mis des années à réaliser ce film, j'ai eu le temps de fouiner à ma guise. Dès que j'avais un moment de libre, je faisais des recherches. J'ai passé des nuits dans les archives. Artiste par artiste, je voulais tout voir, tout savoir. Pour moi, l'essence même du documentaire, c'est de pouvoir prendre son temps. Un film n'est vraiment terminé que lorsqu'on a suffisamment pris son temps à tous les stades de sa fabrication : la préparation, la recherche, le montage. En devenant documentariste, j'ai trouvé le métier dans lequel mon principal défaut, la lenteur, devenait une qualité.

LA QUESTION 41 :
Pourquoi Yves Jeuland a-t-il pu se documenter avec précision avant de réaliser son film ?

LA QUESTION 42 :
Qu'est-ce qui garantit la qualité d'un documentaire selon Yves Jeuland ?

Questions 43 et 44 – page 37

⇨ **Réponse : C** (question 43)
⇨ **Réponse : D** (question 44)

Transcription

LE DOCUMENT SONORE :
En Grèce, on ne perçoit plus aucune allocation au bout d'une année sans emploi, c'est là que les solidarités familiales interviennent, comme toujours en Grèce, pour pallier un État providence lacunaire. Beaucoup de foyers vivent ainsi sur le salaire d'un seul membre, voire sur la retraite d'un grand-parent. Mais cela ne marche pas à tous les coups, cela peut être source de conflit, voire de rupture. Un grand nombre de SDF est apparu ces deux dernières années dans le pays, c'est bien le signe que des liens familiaux se brisent. Un psychiatre m'expliquait récemment qu'il voyait la violence intra familiale augmenter ces derniers temps. (www.rfi.fr)

LA QUESTION 43 :
Que relève ce reportage sur la Grèce ?

LA QUESTION 44 :
Selon ce reportage, quel danger menace la tradition de solidarité grecque ?

NIVEAU C1

Question 45 – page 38

⇨ **Réponse : A**

Transcription

LE DOCUMENT SONORE :
La France arrive en troisième place des destinations choisies par les étudiants étrangers. Plus de 35 % d'entre eux sont chinois. Nos reporters ont eu envie d'enquêter sur la vie des étudiants chinois en France, à Orléans précisément, notamment dans des formations supérieures qui préparent de futurs ingénieurs. Avec cette question en tête : quel est le parcours d'un étudiant chinois qui vient étudier en France ? Ils voulaient savoir s'il est très différent des autres étudiants. Les réponses sont assez surprenantes quand on pense que la France a pour principe d'être une terre d'accueil pour les étudiants du monde entier.

LA QUESTION :
Que dit-on de l'enquête qui est présentée ?

Question 46 – page 38

⇨ **Réponse : B**

Transcription

LE DOCUMENT SONORE :
— Pourquoi proposez-vous des cours d'art graphique dans vos formations d'ingénieurs ?
— L'objectif de ces ateliers, « culture générale et arts graphiques », est d'apporter aux étudiants une culture générale qui souvent leur manque. Bien sûr, il ne fait aucun doute que tous deviendront de brillants ingénieurs, mais c'est la culture qui fera la différence. C'est elle qui leur permettra de faire émerger leur CV et qui valorisera leur parcours personnel. Parce que ce que les recruteurs recherchent, ce sont des collaborateurs épanouis. Ce qu'ils retiennent des candidats, c'est leur curiosité, leur faculté à aller vers d'autres choses et à bâtir des ponts entre des domaines qui n'ont *a priori* aucun rapport. Dans nos ateliers, on parle de musique, de cinéma, d'opéra, de théâtre, on parle de... voilà.

LA QUESTION :
À quoi servent les ateliers dont il est question ?

Question 47 – page 38

⇨ **Réponse : A**

Transcription

LE DOCUMENT SONORE :
— Ludivine Lefort, vous formez des assistants et assistantes de vie, pourquoi nombre de gens hésitent-ils encore à pousser les portes de votre centre de formation ?
— Bonne question. À mes débuts, on formait exclusivement des demandeurs d'emploi, aujourd'hui on voit de plus en plus de salariés financés par leurs employeurs. Pour ces employeurs, permettre que leurs salariés aient une qualification et se professionnalisent signifie un accroissement de la qualité de leur service ; pour les salariés, une augmentation de salaire et une reconnaissance. Néanmoins, il subsiste des clichés sur les assistants de vie et certains employeurs leur disent qu'il n'y a pas besoin de formation pour passer le balai. C'est dommage de minimiser à ce point les compétences indispensables à ce métier.

LA QUESTION :
Selon Ludivine Lefort, quelle évolution connaît le secteur de la formation professionnelle dans lequel elle évolue ?

Questions 48 et 49 – page 39

⇨ **Réponse : A** (question 48)

⇨ **Réponse : D** (question 49)

Transcription

LE DOCUMENT SONORE :
— Un jerricane d'huile dans le réservoir, et roule la « barquette » ! C'est le petit nom donné par l'association Roule ma frite à son « véhicule local et collectif de transport social ». On croirait une blague de potache, si l'initiative ne s'appuyait sur un travail mené depuis plusieurs années sur l'île d'Oléron, avec le soutien des collectivités territoriales et des acteurs locaux.
— Au début, tout le monde nous prenait pour des rigolos. Aujourd'hui, les gens se sont appropriés notre démarche.
— Le principe est simple. Un véhicule utilitaire – roulant lui-même à l'huile recyclée – récupère les huiles de friture usagées des restaurants, snacks, campings, collèges, maisons de retraite ou particuliers. Ensuite, le liquide gras est traité dans un atelier artisanal et vendu à des particuliers 70 centimes le litre en guise de complément de carburant. Chaque jour, Roule ma frite reçoit, de toute la France, des appels d'automobilistes voulant passer commande.
— Nous ne sommes pas pompistes, ce que nous voulons, c'est réduire l'empreinte carbone. Et faire de la pédagogie avec les restaurateurs, en les incitant à proscrire l'huile de palme, cause de déforestation.
— Problème : en France, rouler à l'huile de friture est interdit. L'association espère et milite ardemment pour l'obtention d'une dérogation de la Direction générale de l'énergie et du climat. En attendant, l'équipe persévère, « dans l'illégalité peut-être mais à visage découvert ». Cela, avec l'appui des communautés de communes.
— Dans un territoire insulaire comme le nôtre, toute action originale prouvant que le développement durable n'est pas une théorie fumeuse, mais peut se mettre en œuvre de façon concrète, est la bienvenue.

LA QUESTION 48 :
Initialement, comment la population locale a-t-elle réagi à l'annonce de cette initiative ?

LA QUESTION 49 :
En quoi l'association prend-elle des risques en agissant comme elle le fait ?

NIVEAU C2

Question 50 – page 40

⇨ **Réponse : B**

Transcription

LE DOCUMENT :
— Vous êtes directeur de recherche Inserm au Neurocentre Magendie de Bordeaux et vous

Corrigés

travaillez depuis 20 ans sur le stress, autrement dit vous cherchez à comprendre les mécanismes moléculaires de l'adaptation au stress. Mais tout d'abord, qu'est-ce que c'est que le stress pour vous ?
— Oh ! C'est une question qui a plusieurs définitions dans le langage courant.
Le stress, ça peut être le stimulus qui va entre guillemets vous stresser.
— Un patron qui vous engueule ?
— Voilà, par exemple ! Ça peut être votre réaction à cet agent si vous n'êtes pas bien, souvent les gens disent : « Oh ! là, là, je me sens stressé ! » Ou ça peut être tout simplement aussi quand, lors d'une répétition de stress, vous vous adaptez, vous vous adaptez et puis à un moment vous ne vous adaptez plus parce que, c'est l'accumulation des soucis, et cetera.
Là, vous dites que vous êtes stressé, c'est-à-dire que vous êtes dans la troisième phase du stress qu'on appelle l'épuisement, c'est la non adaptation à des stress répétés. Moi, je parle du stimulus qui va induire des modifications dans le cerveau et pour moi, c'est ça le stress.

LA QUESTION :
Comment le chercheur définit-il l'état de stress ?

Question 51 – page 40

⇨ **Réponse : D**

Transcription

LE DOCUMENT :
— Fabien Lefèvre, spécialiste des nouvelles technologies, vous venez de faire paraître un livre qui aborde le sujet des relations amoureuses au travers des nouvelles technologies. Selon vous, dans le domaine des sentiments, nous sommes entrés dans le règne du « despotisme de la connexion ». Qu'est-ce que vous voulez dire par là ?
— Aujourd'hui, pas moyen d'échapper à l'envoi de SMS à l'être cher, ces petits câlins virtuels qui perpétuent le lien amoureux entre deux retrouvailles. Sur les réseaux sociaux type Facebook, notre vie affective est mise en scène au vu de tout le monde et tout un chacun peut suivre les rebondissements de notre relation comme dans une bonne série TV. En permettant à quiconque la présentation *in extenso* de ce qu'il aime sur le mode binaire « j'aime/j'aime pas », avec le côté manichéen que cela suppose, Facebook crée l'empire virtuel des bons sentiments, cantonnant chacun dans le rôle de l'adolescent éternel. La relativité de la vie avec ses bons côtés et ses moins bons en est quasiment absente. Heureusement, beaucoup d'abonnés en ont conscience et se livrent sur le net au second degré.

LA QUESTION :
Quelle critique peut-on déceler en creux dans le discours de Fabien Lefèvre ?

Question 52 – page 40

⇨ **Réponse : C**

Transcription

LE DOCUMENT :
— Quel écueil guette l'écrivain qui veut écrire sur les pauvres ?
— Écrire installé bien au chaud chez soi sur les SDF, même s'il ne s'agit que des figures littéraires qui vont apparaître dans un roman, ne va pas de soi dès lors que l'on est quelque peu sensible aux questions d'éthique. Un bon auteur passera par mille affres : comment échapper à la condescendance si facilement inspirée par la compassion que suscite la pauvreté chez ceux qui ne la connaissent pas ? Ou, au contraire, comment ne pas se laisser aller à donner une vision truculente de la précarité en la représentant sous des traits par trop singuliers ?
Les écrivains composent, chacun avec leurs propres armes ; qui fera le choix de l'ironie, qui fera celui du cynisme, qui, celui de la dérision, ou encore celui de la lucidité critique. Autant de variations esthétiques qui permettent à l'auteur de ne pas verser dans le misérabilisme littéraire.

LA QUESTION :
Selon le critique, quel risque un écrivain prend-il quand il traite de l'indigence ?

Questions 53 et 54 – page 41

⇨ **Réponse : C** (question 53)
⇨ **Réponse : A** (question 54)

Transcription

LE DOCUMENT :
Les compétences qui sont développées à l'école sont des compétences scolaires. En tous cas, l'école républicaine telle qu'elle s'est construite d'un point de vue historique en France, ça a été de construire un citoyen, un citoyen éclairé capable de participer à la vie de la République. Réduire aujourd'hui ce rôle, idéologique peut-être, pourquoi pas ? Mais vouloir dire que l'on doit changer de paradigme pour entrer dans une époque où l'école doit donner une qualification professionnelle, ça me semble être une imposture. On prend souvent en comparaison l'école des années cinquante-soixante, disant que malgré une très nette insuffisance pédagogique elle arrivait quand même à permettre une ascension sociale, c'est faux de dire les choses comme cela. C'est l'époque des Trente glorieuses

101

qui a permis l'ascension sociale, la disparition de la paysannerie, la massification du salariat, forcément il y a eu une énorme mobilité qui a accompagné cette période de croissance mais ce n'est pas l'école qui l'a déterminée.

La question 53 :
Du point de vue de l'orateur, quel doit être le rôle de l'école ?

La question 54 :
Selon l'orateur, quel faux mérite est-il attribué à l'école républicaine ?

EXPRESSION ORALE

se préparer

Question 1 – page 48

1. Plat – tchatchouka – goûter – préparer – poivrons – faire cuire – poêle – enlever la peau – graines – écraser – fourchette – faire bouillir – deux tomates – faire un mélange – un peu de sel – un œuf – mélanger – refaire cuire – diminuer – un petit peu – l'eau – assez – manger – une galette – à la semoule.
2. Le présent.
Exemples : j'aime – je préfère – ça s'appelle – c'est – je prépare – je fais – j'enlève – il y a...

Commentaires de l'évaluateur

Le niveau du candidat est largement supérieur au niveau A1.
• **Le vocabulaire :** le lexique des aliments et des actions est très riche et très varié, le candidat est capable de détailler la préparation d'un plat.
• **La grammaire :** il ne fait aucune erreur de grammaire. Il emploie principalement le temps du présent ce qui est normal lorsque l'on décrit une recette de cuisine, mais il emploie également le passé composé « m'a fait goûter »), l'imparfait (« quand j'étais petit ») et le subjonctif présent (« pour que ça diminue »).
• **La phonétique / phonologie :** il articule et prononce parfaitement bien.
• **Respect de la consigne et interaction :** il répond parfaitement au sujet.
• **Aisance :** son débit de parole est le même qu'un français natif : il est parfaitement à l'aise, répond spontanément et ne fait aucune pause pour réfléchir.
• **Les idées et leur organisation :** sa réponse est extrêmement bien structurée (« alors »/« et » /« aussi »/« parce que »/« une fois que »/« en même temps »/« et voilà ») ; on suit parfaitement le fil de sa pensée.

Autre exemple de réponse

J'aime manger de la raclette. C'est mon plat préféré. Ce plat vient de Suisse. Dans cette spécialité, il y a du fromage, du jambon et des pommes de terre. Moi, je cuisine ce plat aussi avec des cornichons, des oignons et de la salade verte. C'est facile à préparer. C'est un plat idéal pour l'hiver, quand on est avec des amis ou quand on va en vacances au ski. J'adore ce plat !

Question 2 – page 50

1. Ses raisons d'aimer la musique :
- parce qu'il est musicien (c'est un peu son domaine) ;
- parce que la musique l'aide à se reposer moralement ;
- parce que c'est un plaisir : moment convivial pour jouer avec des amis, des copains, la famille.
2. Musicien – métier – chanter – les bars – des restaurants – un groupe – jouer – le style de musique – mon instrument – le luth – la mandole – à dix cordes – des chansons françaises – danser – les mariages – un orchestre – (des) percussions – (un) banjo – (un) clavier, (un) violon – écouter – du rock.
3. Il y a 3 questions supplémentaires. Elles sont posées spontanément, sans avoir été préparées par l'examinateur, en fonction de la réponse du candidat.

Commentaires de l'évaluateur

Le niveau du candidat est supérieur au niveau A2.
• **Le vocabulaire :** le vocabulaire lié à l'univers musical (instruments, lieux/évènements, actions) est approprié et très varié.
• **La grammaire :** il maîtrise très bien les temps du passé : passé composé (« je suis rentré »/« je suis venu »/« je me suis marié ») et imparfait (« c'était »/« je gagnais »/« j'étais »). On peut remarquer des structures négatives incomplètes typiques de la langue parlée (« je peux pas » /« c'est pas pareil »/« j'arrive pas à »), cet usage n'est pas pénalisé.
• **La phonétique / phonologie :** il articule et prononce parfaitement bien.
• **Respect de la consigne et interaction :** il répond parfaitement au sujet ainsi qu'aux demandes de précisions de l'examinatrice.
• **Aisance :** son débit de parole est le même que celui d'un Français natif : il est parfaitement à l'aise, il ne fait aucune pause pour réfléchir et ce qu'il dit est parfaitement compréhensible.
• **Les idées et leur organisation :** il exprime

plusieurs raisons d'aimer la musique et sa réponse est extrêmement bien organisée (« parce que »/« par contre »/« donc »/« quand »/« même des fois »/« et voilà »).

Autre exemple de réponse

Moi, j'aime beaucoup la musique parce qu'écouter la musique, ça me change les idées. Mes styles de musique préférés sont la techno et le rock'n roll parce que j'adore danser en discothèque ! Aussi, le matin, dans le métro ou en voiture, écouter de la musique me donne de l'énergie pour toute la journée !
Et puis, je joue de la guitare dans un groupe. J'ai étudié la musique pendant cinq ans quand j'étais plus jeune. Avec mon groupe, on répète toutes les semaines dans le garage d'un ami et des fois on fait des concerts dans des cafés. J'aimerais gagner assez d'argent avec la musique pour devenir musicien professionnel !

Question 3 – page 52

1. Les neuf questions sont les suivantes :
« Elle compte combien de salariés la société ? »
« Vous êtes dans quel service exactement ? »
« L'équipe des manutentionnaires, elle est sympa ? »
« Est-ce que vous avez un parking ? »
« Je dois payer quelque chose par mois ? »
« Il y a une cantine ? Je peux manger dans l'entreprise ou pas ? »
« Et la pause, elle est de quelle heure à quelle heure ? »
« On peut aller dehors pour s'acheter des cigarettes, prendre un café ? »
2. Oui, il y en a deux : le standard (« Est-ce que vous avez un parking ? ») et le familier (« On peut sortir de l'entreprise ? »/« Et ça se passe bien avec les collègues, ils sont gentils ? »...).
3. Oui, c'est très naturel : les questions correspondent véritablement à la situation. Le candidat s'adapte vraiment aux réponses de l'examinatrice pour poser ses questions, l'échange ressemble à une conversation normale entre deux futurs collègues.
4. Il dit : « Je voudrais savoir une chose : est-ce qu'on se connaît très très bien ? » Avant de commencer l'exercice, le candidat voulait s'assurer, dans le cadre de cet exercice, de la relation qu'il entretenait avec l'examinatrice : amis ou inconnus ? Et par conséquent, s'il devait la vouvoyer ou la tutoyer et adapter ses propos. Vous pouvez toujours au cours de l'épreuve d'expression orale du TCF demander des explications sur une situation, un mot, une question. L'examinateur doit répéter, reformuler, éclaircir la situation. Dans le cas présent, l'examinatrice répond qu'ils peuvent être amis, qu'il peut la tutoyer, ce que le candidat décide finalement de ne pas faire. Dernier conseil, si vous commencez à tutoyer ou vouvoyer l'examinateur à la question 3, vous ne pourrez plus changer avant la fin de la question 3. N'oubliez pas de vouvoyer à nouveau à partir de la question 4.

Commentaires de l'évaluateur

Le candidat est supérieur au niveau B1.
- **Le vocabulaire :** il est très varié et parfaitement adapté au thème élargi de l'entreprise (collègues, stationnement, pause, déjeuner, questions générales sur l'entreprise).
- **La grammaire :** toutes les phrases sont bien construites. Il n'utilise que le temps du présent, mais la situation n'obligeait pas à utiliser d'autres temps.
- **La phonétique / phonologie :** il articule et prononce parfaitement bien.
- **Respect de la consigne et interaction :** il pose une dizaine de questions sur des aspects très variés liés à l'entreprise. On regrette l'absence du registre soutenu et la prédominance de questions de forme familière. Mais c'est naturel dans une situation d'interaction orale. La conversation est cohérente, le jeu de questions-réponses fonctionne parfaitement bien.
- **Aisance :** son débit est parfaitement naturel, on sent le candidat très à l'aise dans cet échange.
- **Les idées et leur organisation :** cet aspect est moins important ici, en B1, car il s'agit d'une situation d'échange entre deux personnes, et non d'un monologue. En revanche, l'organisation des idées deviendra très importante dans les questions B2, C1 et C2 lorsqu'il faudra donner une opinion et l'expliquer.

Autres exemples de questions

Est-ce que l'ambiance de l'entreprise est bonne ?
Combien de collègues vais-je avoir ?
Quels sont les horaires ?
Qui est mon responsable ?
Ils proposent des tickets restaurants ?
Est-ce qu'il y a un comité d'entreprise ?
Où se trouve le bureau du directeur ?
Quand est-ce qu'on peut poser des vacances ?
Quel est le moyen de transports le plus rapide pour y arriver ?

Question 4 – page 54

1. Le candidat est pour le droit de vote des étrangers mais il nuance son opinion, car il ne veut pas trop s'engager ni être catégorique.
Les arguments « pour » sont :
- « Je pense que ce serait bien de donner le droit de vote aux étrangers car ils se sentiront reconnus sur le territoire français. »

103

- « Je pense que si la France donne le droit de vote aux étrangers, ça donnera un modèle pour les autres pays peut-être. »
- « Il y a des gens qui sont en France depuis plusieurs années et ils sentent qu'ils sont chez eux, ils veulent participer à tout mouvement. »
- « [...] pour que les étrangers puissent se reconnaître et se sentir vraiment concernés par la politique. »

2. - « Mais bien sûr, je pense aussi que les étrangers devraient quand même avoir un minimum de bagages, c'est-à-dire savoir écrire et lire un peu et suivre la politique. »
- « [...] et surtout s'ils sont là depuis des années, il faudrait qu'ils fassent une demande de nationalité française et qu'ils puissent s'intégrer le plus vite possible et ainsi voter. »
- « Je pense que ce serait mieux qu'ils donnent le droit de vote aux étrangers mais après je ne travaille pas dans le gouvernement, je ne sais pas exactement comment ça se passe. »

3. « Je pense que »/« je vais donner mon avis »/« à mon avis »/« je ne vois pas sincèrement de problème »/« comme je vous ai dit... »

4. La première réponse du candidat dure environ 1 minute et 10 secondes.

5. Non, car il n'utilise aucun mot pour structurer ses idées, les arguments et nuances s'enchaînent les uns à la suite des autres sans organisation.

Commentaires de l'évaluateur

Le candidat est de niveau B2.

- **Le vocabulaire :** il utilise un lexique assez varié et en rapport avec le thème (politique, droits civiques). Il répète parfois certains mots au lieu de proposer des synonymes. Il utilise des expressions de la langue française (« se reconnaître »/« se sentir concernés »/« se sentir chez soi »/« avoir un minimum de bagages », etc.) ce qui n'est pas forcément attendu au niveau B2.
- **La grammaire :** il réussit des structures de phrases complexes : emplois fréquents de subjonctif et conditionnel (« pour que les étrangers puissent se reconnaître »/« ce serait bien de »/« devraient »...).
- **La phonétique / phonologie :** il articule et prononce parfaitement bien, on n'éprouve aucune difficulté à comprendre ce qu'il dit.
- **Respect de la consigne et interaction :** il répond au sujet mais n'est pas toujours très précis et il se répète. Il est capable de répondre aux sollicitations supplémentaires de l'examinatrice.
- **Aisance :** pour la première fois, on sent le candidat en difficulté sur une question. La question concerne un domaine qu'il connaît peu. Si vous vous retrouvez dans cette situation lors de l'examen, il faudra trouver un moyen de la surmonter, gagner du temps et vous exprimer coûte que coûte. Prenez exemple sur ce candidat qui assume son manque de connaissance et tente de donner son opinion en émettant des réserves. Par ailleurs, son débit de parole est un peu lent mais il sait garder la parole assez longtemps pour exprimer ses idées et les expliciter.
- **Les idées et leur organisation :** il a des idées sur la question mais son discours n'est pas du tout organisé, les idées s'enchaînent les unes aux autres sans structure. Grâce aux sollicitations de l'examinatrice, il est capable d'affiner sa pensée et d'apporter des idées supplémentaires.

Autre exemple de réponse

C'est difficile comme question. Il y a beaucoup d'arguments pour et contre.
Moi, spontanément, je suis favorable au vote des étrangers en France pour une question d'égalité entre les personnes. C'est une valeur supérieure à toute question économique ou politique : tout le monde devrait avoir les mêmes droits ou avantages. Un immigré – je parle des immigrés légaux bien sûr, quand on est clandestin, on ne peut pas revendiquer ce droit –, un immigré qui vit en France, qui y travaille, qui paye des impôts et qui participe à la vie sociale devrait pouvoir participer aux décisions politiques. Je pense aux élections locales. Les élections nationales, présidentielles, je crois que c'est encore un autre débat. Mais pour les décisions locales qui vont concerner les infrastructures, l'école, les aides financières locales, je crois que tout habitant a le droit de donner son avis. Je ne partage pas l'avis de ceux qui disent qu'il y a déjà une contrepartie aux impôts, c'est-à-dire les prestations sociales. La personne qui reçoit les prestations, elle est passive et je ne crois pas que ce soit une bonne chose. La faire prendre part aux élections, c'est la rendre active, actrice de ce qui se passe. Et je considère que ça faciliterait encore davantage son intégration.

Question 5 – page 56

1. Il montre son désaccord de manière nuancée : « Je pense qu'il n'est pas impossible mais il est difficile. »

2. - « Parce que impossible, ça veut dire que c'est un mur et la personne n'a pas les outils pour démolir le mur et passer. Difficile, c'est une personne qui vient s'installer en France sans parler français, et qui peut quand même suivre des cours de français. Plus tard, en deux trois ans, il peut s'intégrer. »
- « Pour s'intégrer, il y a aussi l'éducation. Il faut d'abord être bien éduqué par les parents pour pouvoir suivre le style et respecter la culture du pays. »

3. - Le service rendu à un étranger qui ne savait

pas parler français et ne savait pas comment retirer de l'argent à un distributeur automatique de billets.
- Le bon comportement citoyen dans la rue : ne pas cracher, ne pas jeter ses papiers par terre.

Commentaires de l'évaluateur

Le candidat ne réussit que partiellement à cette question mais est néanmoins du niveau C1.
- **Le vocabulaire** : il possède un lexique assez riche et varié (banque et vie sociale) et des expressions idiomatiques (« un mur à démolir et à passer »/« s'en sortir »/« ça fait un bail » /« montrer et suivre le bon exemple »/« aller avec le style de… »).
- **La grammaire** : ses phrases sont bien construites et généralement longues et complexes. La longueur parfois provoque quelques erreurs et maladresses de construction mais sans gêner l'ensemble de la production.
- **La phonétique / phonologie** : il articule et prononce parfaitement bien, on n'éprouve aucune difficulté à comprendre ce qu'il dit.
- **Respect de la consigne et interaction** : il répond à la question et exprime son opinion sur la question. Néanmoins, le type de discours qu'il utilise n'est pas très approprié. En effet, il raconte davantage une histoire (discours narratif) au lieu d'argumenter de manière structurée et organisée (discours argumentatif). Ainsi, ses arguments perdent en précision et en impact.
- **Aisance** : il sait garder la parole très longtemps (environ 2 minutes 30) et le démontre à deux reprises. Ainsi, même si ses idées manquent parfois d'impact et de précision, elles restent efficaces car il réussit à aller au terme de sa démonstration.
- **Les idées et leur organisation** : ses deux arguments sont compréhensibles mais comme ils prennent la forme d'exemples (l'échange autour du distributeur automatique de billets et le comportement civique), le discours n'a pas la structure attendue et les idées sont exprimées un peu comme elles viennent, au fil de l'histoire.

Autre exemple de réponse

Je pense qu'il est impossible de s'intégrer dans un pays dont on ne connaît pas la langue. Mais il y a beaucoup de choses à définir pour discuter de ce sujet. Tout d'abord, s'intégrer, ça veut dire quoi ? Vivre en respectant les lois ? Vivre heureux, selon ses valeurs ? Je vais plutôt essayer de répondre à la question en considérant « s'intégrer » comme vivre dans un pays étranger en connaissant les codes culturels et pour moi, cela passe par la création d'un réseau de connaissances, je veux dire de personnes françaises – si on parle de l'intégration en France – ou de culture française. J'allais ajouter « de langue française » parce que, selon moi, la langue fait partie intégrante de la culture. Mais ce n'est pas le seul vecteur de culture. Il y a aussi les arts plastiques, la musique, la gastronomie, les comportements… Pour découvrir, partager, faire sien tout cela, on n'a pas besoin de connaître la langue. On peut découvrir la culture de l'autre en allant aux musées, dans des expositions, des concerts, en lisant des livres dans sa langue maternelle, en regardant des films sous-titrés. Mais il faut être réaliste, quels immigrés peuvent se permettre ça ? Pas celui qui doit s'inscrire au Pôle Emploi, à la Sécurité sociale, qui doit remplir les imprimés des allocations familiales, qui doit inscrire ses enfants à l'école, suivre leur éducation… Pour eux, je crois que leur intégration dépend vraiment de leur connaissance de la langue.
Et c'est là la deuxième interrogation que j'avais face à votre sujet. En effet, qu'est-ce que ça veut dire connaître la langue ? Pour obtenir la nationalité française, on nous demande d'obtenir le niveau B1. C'est le niveau avec lequel on est censé se débrouiller pour toutes les situations de la vie quotidienne, pouvoir faire tout ce que j'ai cité précédemment (le Pôle Emploi, les allocations…). Mais ce n'est pas avec ce niveau que je vais me plonger dans la littérature française ou vraiment me faire des amis français qui ne parleraient pas ma langue. Par contre, je vais pouvoir sortir de chez moi et quand même rencontrer des personnes d'autres origines. Néanmoins, ça demande beaucoup d'énergie et de volonté. Ce serait beaucoup plus simple de me replier sur ma famille, sur ce que je connais. En conclusion, je pense que parler français est indispensable mais qu'il faut donner les moyens aux étrangers d'apprendre cette langue et que ce n'est qu'une des conditions de l'intégration. Ne pas connaître la langue du pays dans lequel on vit est un frein à son intégration mais la connaître n'est pas la recette miracle.

Question 6 – page 58

1. Les deux relances de l'examinatrice sont :
- « Alors, l'école qu'est-ce qu'elle apporte aux enfants à votre avis ? »
- « Qu'est-ce qui est important pour que les enfants soient armés pour faire face, adultes, à leur avenir ? »
Le candidat n'a pas pu exploiter ces deux relances pour répondre précisément à la question 6.

Commentaires de l'évaluateur

- **Le vocabulaire** : Quelques expressions de la langue française sont employées à bon escient (« faire son travail »/« être perdu »/« le gros travail c'est ») mais en nombre insuffisant. Du

lexique varié est utilisé (« épaté »/« connaissance »/« évaluation »/« se suicident »/« délinquant »/« mineurs »/« communauté », etc.) mais est parfois un peu répétitif et peut manquer de précision.
- **La grammaire :** quelques erreurs de grammaire élémentaire apparaissent (« parler le français correct »/« l'école font du bon »). Le registre de langue utilisé est trop familier : absence systématique du « ne » de la négation (« je comprends pas »/« j'ai pas été »/« je lui ai jamais appris »/« c'est quoi ce qu'elle voulait dire ? »). Il n'y a pas de structures de phrases complexes.
- **La phonétique / phonologie :** on n'éprouve aucune difficulté de compréhension.
- **Respect de la consigne et interaction :** pour une moitié de la production, la réponse du candidat s'éloigne trop de la problématique proposée et reste axée sur l'apprentissage des langues et l'exemple de sa fille. Après la dernière relance de l'examinatrice, le candidat commence à répondre puis s'éloigne une nouvelle fois du sujet en parlant des enseignants qui ne remplissent pas convenablement leur rôle. Le candidat emprunte la forme du récit et non celle de l'argumentation.
- **Aisance :** il sait gagner du temps (« comment dirais-je »), mais ses réponses sont trop courtes pour être organisées et efficaces.
- **Les idées et leur organisation :** mêmes remarques que pour la question C1, les arguments prennent la forme d'exemples et donc le discours n'a pas la structure attendue.

En plus de ses maladresses, le candidat ne répond jamais véritablement à la question et c'est pourquoi il n'est pas du niveau C2.

Autre exemple de réponse

Mon avis est partagé sur le sujet. J'adhère partiellement à cette affirmation parce que je pense que l'école est indispensable à la préparation de l'avenir de nos enfants. Pour autant, je ne suis pas sûr qu'elle y prépare toujours bien. Je m'explique.

Je suis convaincu que pour préparer nos enfants à l'avenir, il est indispensable de les confronter le plus tôt possible aux autres. Et l'école est le premier lieu de socialisation en dehors de la famille. C'est à l'école qu'on apprend à vivre avec l'autre, à respecter les règles de vie en collectivité, les règles de vie en société. C'est là qu'on découvre l'autre, les différences. C'est un lieu de mixité. Bien sûr, il y en a d'autres, on peut inscrire son enfant à des activités extra scolaires mais on choisit souvent ces activités en fonction de nombreux critères : ses goûts, la proximité de son lieu d'habitation, le montant des frais d'inscription. La mixité n'est plus la même. Concernant précisément la mixité, on pourrait faire la même remarque quant à l'école : les parents qui ont des moyens financiers importants habitent les mêmes quartiers ou bien peuvent choisir l'école où ira leur enfant. Ainsi, l'enfant y retrouvera des enfants de la même couche sociale que la sienne, il partagera les mêmes valeurs et la mixité dont je parlais ne s'y retrouvera pas. C'est vrai. Cependant, je ne vois pas d'autres lieux de socialisation où la mixité peut être aussi élevée. C'est un des points positifs du service militaire dans mon pays. Toute une génération se retrouve sous le même drapeau, à devoir effectuer les mêmes tâches, quelle que soit sa place dans la société. Le problème, c'est que ça ne concerne que les hommes et que ça arrive bien tard.

Il ne faut pas oublier non plus un des objectifs de l'école : apporter un volume de connaissances sur des sujets variés : la lecture, l'écriture, les mathématiques, les sciences, l'histoire, l'économie... On y acquiert une somme de connaissances théoriques et techniques indispensable pour se débrouiller dans la vie. Même si l'école ne pourra jamais parfaitement préparer à un emploi précis, elle est l'organisme qui doit pouvoir offrir les armes pour s'adapter à la vie professionnelle et, surtout, à la vie adulte. Je me souviendrai toute ma vie d'une jeune adulte me parlant du test qu'elle avait passé pour pouvoir s'occuper d'enfants. Elle me disait ne pas avoir su répondre à la question de la température de l'eau lorsqu'elle bout. Ça me paraît assez important de le savoir quand on veut s'occuper d'enfants ! Pour leur faire couler un bain par exemple. C'est comme connaître la température du corps humain. Le système scolaire, pour elle, avait échoué sur ce point. Donc, encore une fois, l'école est indispensable à ce type d'apprentissage, les parents ne peuvent fournir toutes les connaissances que dispensent les enseignants mais l'école ne prépare pas toujours bien tous les enfants. Beaucoup sont laissés sur le bord de la route car l'école échoue dans son rôle de formateur. Quant à vous donner les causes de cet échec, j'en serais bien incapable, je ne fais que des constatations de ce que j'ai pu observer dans mon pays.

s'entraîner

Question 1 – page 60

Transcription

EXAMINATRICE : Alors question de niveau A1, une minute : « Présentez une personne de votre famille. »
CANDIDATE : J'aimerais parler un peu d'une de mes cousines. Elle s'appelle Na et elle a 37 ans

cette année. Elle est douce, gentille, belle. J'aimerais parler d'elle parce que je m'entends mieux avec elle parmi tous les cousins cousines. Et comme je suis enfant unique, je n'ai pas de frère ni de sœur, elle est ma « presque sœur ». Elle s'occupait beaucoup de moi quand j'étais petite. Aujourd'hui elle travaille dans une grande entreprise comme secrétaire générale et je l'aime beaucoup.

EXAMINATRICE : D'accord. Et vous avez combien d'années d'écart ?

CANDIDATE : On a cinq ans d'écart.

EXAMINATRICE : D'accord. Et elle vit en France ?

CANDIDATE : Non, elle vit en Chine, à Najin, une grande ville pas très loin de Shanghaï. Elle habite dans le Sud, Sud-Est de la Chine.

Commentaires de l'évaluateur

La candidate est au-dessus du niveau A1.

- **Le vocabulaire :** le lexique est très riche et varié, certaines expressions et formulations sont supérieures au niveau attendu (« je m'entends mieux avec elle »/« presque sœur »/« elle s'occupait beaucoup de moi »).
- **La grammaire :** elle ne fait pratiquement aucune erreur de grammaire et utilise une syntaxe supérieure au niveau attendu (emploi de « ni », « je l'aime ») et elle maîtrise l'imparfait.
- **La phonétique / phonologie :** on comprend parfaitement ce qu'elle dit.
- **Respect de la consigne et interaction :** elle répond parfaitement à la question et réagit immédiatement aux sollicitations de l'examinatrice démontrant une compréhension et une capacité d'échange supérieure au niveau attendu (à noter par exemple qu'elle ne se contente pas de répondre oui ou non à la dernière question mais qu'elle donne d'elle-même des indications de lieu).
- **Aisance :** son débit de parole est très fluide ; elle ne fait pas de pause pour réfléchir.
- **Les idées et leur organisation :** elle annonce dès le début de qui elle souhaite parler et justifie son choix. Ensuite son discours est clair et construit (« et »/« parce que »/« aujourd'hui »).

Question 1bis – page 60

Autre exemple de réponse

J'habite à Rognonas, près d'Avignon. C'est une petite ville. Ma maison se trouve au bout d'une rue. Il n'y a pas beaucoup de voitures, c'est calme. Il y a des arbres, la nature. J'ai des voisins très sympathiques. Pour aller dans le centre ville, je dois marcher 20 minutes. Il y a des petits commerces sur la place de l'église. Par exemple, j'achète mon pain là. Le supermarché est plus loin. Mes enfants vont à l'école à côté de cette place. Quand je veux sortir, aller au restaurant ou au cinéma, je dois prendre la voiture pour aller à Avignon.

Autre vocabulaire pour le quartier

Verbes :
- Habiter/vivre/se promener/faire ses courses...

Noms :
- Les voisins/les habitants/les commerçants...
- Un appartement/une maison/un magasin/un commerce/une place/un lieu de sortie (un restaurant/un café/un cinéma/un théâtre)/des jeux pour les enfants/un supermarché/un marché
- La poste/la mairie/la banque/l'école (la crèche/le collège, le lycée)
- La nature/une rivière/un arbre/un parc...
- Les transports en commun/le bus/l'arrêt de bus/le vélo/la voiture/le scooter/le train/la gare

Adjectifs :
- Vieux/nouveau/agréable/calme/vivant/propre/sale/pollué/gris/triste/gentil/sympathique/désagréable

Question 2 – page 60

Transcription

EXAMINATRICE : D'accord. Je vous remercie beaucoup. On va passer à la question 2 de niveau A2 et vous aurez 2 minutes environ pour parler. Donc voici la question : « Que faites-vous habituellement le week-end ? »

CANDIDATE : Le week-end, une des choses que je vais toujours faire c'est la grasse matinée et bien me reposer. Et puis aussi, je travaille le week-end, comme je suis professeur, il y a pas vraiment d'horaires et je dois préparer mes cours le week-end. Et si j'ai encore du temps, je vais au cinéma avec des amis. Des fois, on fait aussi des sorties culturelles, voir une exposition ou une pièce de théâtre.

EXAMINATRICE : Oui, qu'est-ce que vous aimez voir comme exposition ?

CANDIDATE : Plutôt des photographies ou des sculptures.

EXAMINATRICE : Oui. Et par exemple, la sculpture, il y a des époques que vous préférez ?

CANDIDATE : Non, pas de choses spécifiques, j'aime bien quand c'est original. Je ne fais pas trop attention, je ne suis pas une grande spécialiste.

EXAMINATRICE : D'accord. Qu'est-ce qui vous plaît dans la sculpture ?

CANDIDATE : La façon de voir le monde de façon spécifique, d'un point de vue spécial, à travers quelque chose de concret, on peut voir comment le sculpteur voit le monde.

EXAMINATRICE : Et, la photographie, il y a des genres photographiques que vous préférez ?

CANDIDATE : J'aime bien Cartier Bresson. Tout ce

qui est dans son style.
EXAMINATRICE : Oui, le noir et blanc.
CANDIDATE : Le noir et blanc. C'est aussi son point de vue qui m'intéresse. Il voit des choses qu'on ne voit pas, qui se passent quotidiennement à côté de nous.

Commentaires de l'évaluateur

La candidate est au-dessus du niveau A2.
- **Le vocabulaire :** le lexique est très riche et varié, beaucoup d'expressions et formulations sont supérieures au niveau attendu (« la grasse matinée »/« plutôt »/« la façon de voir le monde de façon spécifique »/« je ne fais pas trop attention »/« style »/« son point de vue qui m'intéresse » « quotidiennement »).
- **La grammaire :** elle ne fait pratiquement aucune erreur de grammaire et utilise une syntaxe supérieure au niveau attendu (« qui m'intéresse » « une des choses que »).
- **La phonétique / phonologie :** sa prononciation est parfaitement compréhensible.
- **Respect de la consigne et interaction :** elle répond parfaitement à la question. Elle réagit immédiatement aux nombreuses sollicitations de l'examinatrice, parfois difficiles (« qu'est-ce qui vous plaît dans la sculpture ? »/« il y a des genres photographiques que vous préférez ? »), démontrant une compréhension et une capacité d'échange supérieure au niveau A2. Chacune de ses réponses apporte des éléments nouveaux sur ses goûts et leur justification permette à l'examinatrice de poser des questions supplémentaires.
- **Aisance :** son débit de parole est fluide ; elle parle lentement mais n'a pas besoin de faire de pause pour réfléchir.
- **Les idées et leur organisation :** sa réponse est riche et variée. Elle évoque diverses activités (repos, travail, loisirs) et de manière très organisée (« Et puis aussi »/« Et si »/« Des fois »).

Question 2bis – page 60

Autre exemple de réponse

Mon acteur préféré est Fabrice Luchini. Il a environ 60 ans et sa carrière a commencé dans les années 1970. Il a joué dans beaucoup de films français, des drames mais aussi des comédies. Il n'est pas très beau, ce n'est pas un acteur connu pour son physique ou parce qu'il plaît aux femmes. Il est connu pour ses qualités d'acteur. J'ai beaucoup aimé le film où il joue avec Catherine Deneuve : *Potiche*. Il joue aussi au théâtre. À la télévision, il parle beaucoup, comme s'il faisait un spectacle. C'est une personne très cultivée et très enthousiaste. Ce que je préfère, c'est sa façon de dire les textes.

Autre vocabulaire sur un acteur/une actrice

Verbes :
- Regarder/préférer/aimer/adorer/plaire/admirer/jouer...

Noms :
- Le jeu/la présence/le regard/le physique/la carrière/la vie privée...
- Un film/un DVD/le cinéma/un festival/un réalisateur/un partenaire...
- Une comédie/un drame/un film d'horreur/d'aventures...

Adjectifs :
- Beau/belle/original/fort/puissant/drôle/sérieux/engagé/amusant...

Question 3 – page 61

Transcription

EXAMINATRICE : D'accord, merci beaucoup. On va passer à la question 3 de niveau B1. Donc à cette étape de l'épreuve, on va changer de rôle, c'est vous qui allez me poser des questions. Je vais vous proposer un thème et vous allez m'interroger sur ce thème. Voici le thème : « Vous me posez des questions sur mes lectures. »
CANDIDATE : D'accord.
EXAMINATRICE : 3 minutes, pardon.
CANDIDATE : D'accord. Est-ce que vous lisez beaucoup ?
EXAMINATRICE : Je lisais beaucoup et je lis beaucoup moins depuis que j'ai des enfants en bas âge. Ou plus exactement je lis beaucoup moins de livres pour moi.
CANDIDATE : D'accord. Quel genre de livres aimez-vous ?
EXAMINATRICE : J'aime beaucoup les romans. J'aime bien le théâtre même si ce n'est pas toujours très facile à lire. J'aime bien la bande dessinée. Voilà.
CANDIDATE : Est-ce que vous avez un auteur préféré ?
EXAMINATRICE : Non, j'ai des périodes. Par exemple, parfois on découvre un auteur et on a envie d'aller plus loin avec cet auteur-là, mais en soi, des auteurs préférés, non.
CANDIDATE : Quand est-ce que vous lisez d'habitude ?
EXAMINATRICE : Alors, dans les transports en commun parce que je prends beaucoup les transports en commun mais ce n'est pas toujours agréable de lire dans le métro aux heures de pointe par exemple. Sinon, quand je n'ai pas trop les enfants autour de moi, donc ça peut être le soir si je ne tombe pas de fatigue ou bien ça peut être sur des périodes de vacances où on a un peu plus de temps.
CANDIDATE : Et où achetez-vous les livres ?

Vous préférez les grandes chaînes comme la FNAC ou les petites librairies ?
EXAMINATRICE : Alors très franchement, ça fait longtemps que je n'ai pas acheté de livres. Quand je peux, je vais plutôt dans des petites librairies, aussi parce que souvent le contact est sympa et puis qu'ils peuvent plus conseiller, mais bon, ça m'est arrivé aussi d'aller à la FNAC ou dans des grosses chaînes, Gibert Jeune, etc. Par contre, pour les livres pour enfants, je vais toujours dans des petites librairies.
CANDIDATE : Il y a une raison particulière ? C'est mieux que…
EXAMINATRICE : Non, sûrement parce qu'il y en a dans le quartier où l'on habite et c'est une librairie qui est agréable, qui est bien achalandée, qui est de bon conseil. Je pense que c'est plus la raison.
CANDIDATE : Et… Qu'est-ce que je pourrais demander ? Alors, comme je suis étrangère, alors, qu'est-ce que vous me conseillez ? Qu'est-ce que vous allez conseiller aux étrangers comme lecture pour progresser en français par exemple ?
EXAMINATRICE : Pour faire des progrès en français ? En lecture ? Ça dépend du niveau que vous avez mais si vous avez un très bon niveau, il y a plein d'auteurs contemporains qui peuvent être assez intéressants et qui permettent de bien avoir des exemples de langue telle qu'elle est parlée aujourd'hui. Je ne sais pas, à vrai dire, je ne suis pas très au courant de l'actualité littéraire contemporaine de nos jours, maintenant. Je n'ai pas trop suivi.

Commentaires de l'évaluateur

La candidate est parfaitement du niveau B1.
- **Le vocabulaire :** il est varié et couvre une large thématique du sujet (« lisez beaucoup »/« genre de livres »/« auteur »/« grandes chaînes comme la FNAC »/« libraries »/« conseiller »/« progresser »).
- **La grammaire :** aucune erreur de grammaire et les trois registres de langue sont présents (« où achetez-vous vos livres ? »/« quand est-ce que vous lisez d'habitude ? »/« il y a une raison particulière ? »).
- **La phonétique / phonologie :** sa prononciation est parfaitement compréhensible.
- **Respect de la consigne et interaction :** elle pose des questions variées (« est-ce que… » / « quel »/« quand »/« où »/« quoi »). L'interaction fonctionne bien et nous donne l'impression d'une conversation spontanée entre deux personnes.
- **Aisance :** le rythme de la conversation est tout à fait naturel. La candidate est parfaitement à l'aise, elle mène la conversation et s'adapte aux réponses de l'examinatrice. Elle sait même gagner du temps (« qu'est-ce que je pourrais demander ? »). Sa dernière question sur le conseil de lecture pour les étrangers est une excellente idée, elle se situe parfaitement dans le sujet tout en permettant de l'élargir.
- **Les idées et leur organisation :** elle aborde des aspects variés du thème des lectures. Et ses questions sont bien reliées aux réponses (« D'accord. Est-ce que… »/« Alors »/« Et »).
Cet aspect est moins important ici en B1 car il s'agit d'une situation d'échange entre deux personnes et non d'un monologue. En revanche, l'organisation des idées deviendra très importante dans les questions B2, C1 et C2 lorsqu'il faudra donner une opinion et l'expliquer.

Question 3bis – page 61

Autres exemples de questions

- Connaissez-vous la Belgique ?
- Vous connaissez plusieurs villes de Belgique ?
- Laquelle vous préférez ?
- À votre avis, dans quelle région de Belgique il vaut mieux habiter ?
- Vous me conseillez d'habiter en ville ou à la campagne ?
- Dans quelle ville exactement ? Où précisément à la campagne ?
- Est-ce que c'est facile de trouver un logement ?
- Comment je peux faire pour trouver un logement ?
- Quand se situe la meilleure période pour s'installer ?
- On m'a dit que les Belges étaient accueillants. Vous pensez que c'est vrai ?
- Est-ce qu'il faut parler flamand en Belgique ?
- Qu'est-ce que je dois faire pour inscrire mes enfants à l'école ?
- Je suis informaticien. Y a-t-il des postes libres pour les informaticiens ?
- Quelles démarches dois-je effectuer pour chercher un emploi ?
- Combien de semaines de congés payés par an a-t-on en Belgique ?
- Il pleut beaucoup en Belgique, non ? Selon vous, est-ce qu'on s'habitue au climat ?

Question 4 – page 61

Transcription

EXAMINATRICE : Je vous remercie. On va passer à la question 4 de niveau B2 et on va donc reprendre le cours normal de l'épreuve. Là aussi l'exercice va durer 3 minutes environ et voici la question : « Selon vous, est-ce que tout le monde a besoin de posséder une voiture ? Et expliquez les avantages et les inconvénients d'une telle situation. »

CANDIDATE : Alors, pour cette question je vais répondre sans hésitation : non pour en posséder une. Il n'y a absolument pas besoin que chacun possède une voiture. Je pense que, d'ailleurs, la voiture est très utile et qu'on en a souvent besoin. Et c'est vrai que dans certaines circonstances, c'est un vrai avantage de posséder une voiture. Ça nous permet de programmer plus facilement notre vie, de partir à tout moment ou en cas d'urgence, ça permet de réagir sur le champ, de réagir plus rapidement. Et pourtant, dans une grande ville comme Paris où le transport en commun est très développé, premièrement, on n'a pas besoin d'utiliser la voiture très souvent, on peut même s'en passer. Et deuxièmement, même dans une ville qui a moins de transports en commun, on peut toujours louer une voiture, on n'a pas besoin d'en posséder une. Et si chacun a une voiture, ça va créer plus d'embouteillages, voire plus de pollution et ce n'est pas très agréable de vivre dans une ville où toutes les rues sont bouchées par les voitures, par des choses en fer et en métal. C'est plus sympathique de pouvoir se promener dans les rues où il y a plus de gens ou moins de klaxons. C'est pour ça que même si c'est très utile d'avoir une voiture, ce n'est pas nécessaire que chacun en possède une.

EXAMINATRICE : D'accord, et alors, à votre avis, quelles sont les situations où il est indispensable d'en avoir une ?

CANDIDATE : Quand on habite à la campagne où l'accès aux transports en commun est difficile. Et surtout, quand on a des personnes âgées à la maison, des situations... Comment dire ? Quand on a besoin d'emmener quelqu'un à l'hôpital en urgence, ça peut être quand même...

EXAMINATRICE : Ça peut être pratique.

CANDIDATE : Ça peut être pratique.

EXAMINATRICE : Et là, du coup, la location est plus compliquée donc. Parce qu'on peut louer une voiture ?

CANDIDATE : Oui parce qu'on ne peut pas le faire sur l'instant, à l'instant.

Commentaires de l'évaluateur

La candidate est du niveau B2.

• **Le vocabulaire** : elle utilise un lexique adapté et riche (« programmer »/« à tout moment »/« en cas d'urgence »/« circonstances »/« réagir »/« louer »/« embouteillages »/« transport en commun »/« pollution »/« campagne », etc.).

• **La grammaire** : aucune erreur de grammaire. Les structures de phrases sont simples et seul le temps du présent de l'indicatif est employé.

• **La phonétique / phonologie** : sa prononciation est parfaitement compréhensible.

• **Respect de la consigne et interaction** : elle répond parfaitement au sujet mais dans l'interaction elle est moins efficace : ses réponses courtes sont peu développées et elle ne réussit pas à finir l'une de ses phrases (« ça peut-être quand même... »).

• **Aisance** : la candidate montre sa capacité à garder la parole le temps nécessaire pour développer et organiser sa réponse. Elle sait gagner du temps (« comment dire ? »).

• **Les idées et leur organisation** : son point de vue est clairement énoncé dès le début de sa réponse (« je vais répondre sans hésitation : non... »), puis argumenté (embouteillages, pollution, bruit) et illustré de manière efficace. Elle sait également nuancer et trouver des situations indispensables au fait de posséder une voiture (urgence, campagne). Son discours est très bien construit (« d'ailleurs »/« c'est vrai que »/« Et pourtant »/« premièrement »/« Et deuxièmement »/« C'est pour ça que même si »).

Question 4bis – page 61

Autre exemple de réponse

Le premier avantage auquel je pense, c'est la qualité de vie. Je pense que le rythme de vie est moins stressant à la campagne qu'à la ville. Ici, pour moi, le stress est constant : je sors de chez moi et il y a d'abord le bruit des voitures. Avant je prenais ma voiture pour aller au travail et j'étais toujours coincé dans les embouteillages. Maintenant je prends le bus mais c'est stressant aussi : il faut être à l'heure si on ne veut pas attendre 20 minutes dans le froid, il y a beaucoup de passagers, on est serrés, souvent énervés... Il n'y a pas ces inconvénients à la campagne, le trafic est plus fluide, on est à peu près sûr de mettre toujours le même temps de transport et d'arriver à l'heure au travail et de rentrer à l'heure chez soi pour aller chercher les enfants ou profiter du reste de la soirée. Surtout que quand on habite à la campagne, on a souvent un meilleur cadre de vie. Les loyers sont moins chers qu'en ville, on peut souvent profiter de plus grandes surfaces et d'un jardin où les enfants peuvent jouer, où on peut se reposer, cultiver ses légumes, des fleurs, déjeuner dehors quand il fait beau.

Mais je préfère quand même vivre en ville. Je n'ai pas de famille et pour moi sortir au cinéma, voir des expositions ou aller au restaurant avec des amis c'est important, et c'est moins pratique à la campagne car l'offre est plus réduite. De plus, les rencontres sont difficiles à faire à la campagne, surtout quand on est célibataire parce qu'il y a moins de monde. On n'a pas beaucoup de choix de personnes. Et puis tout le monde est au courant de tout. Je doute que l'entraide soit plus présente et plus naturelle. Je crois qu'il faut surtout faire comme tout le monde si on ne veut pas être regardé de travers. Selon moi, le regard des autres est plus difficile à supporter à la campagne.

Corrigés

Autres arguments pour parler des avantages ou des inconvénients de la vie à la campagne

Avantages :
• L'alimentation y est facilement plus saine.
• En cas de problème on peut toujours compter sur ses voisins. On entend souvent parler de l'isolement des habitants dans les grandes villes.
• Le rythme de vie est moins stressant, les gens prennent le temps de vivre, de se parler entre eux, d'être courtois.

Inconvénients :
• Les distances sont plus grandes et les transports en commun moins fréquents : il faut être motorisé.
• L'offre culturelle est moins grande (théâtre, musée, expositions, cinéma, etc.) : moins de curiosité et plus d'ennui.
• Les nuisances sonores sont souvent plus grandes qu'en ville (activité agricole, animaux).
• La pollution est souvent moins visible mais bien présente (pollution des terres, usines, etc.).

Question 5 – page 61

Transcription

EXAMINATRICE : D'accord. Je vous remercie. On va passer à la question 5 de niveau C1 et voilà quelle est la question : « Tout le monde devrait pouvoir se marier avec la personne de son choix. Qu'en pensez-vous ? »
CANDIDATE : Moi, je pense que, pour avoir le droit de vivre librement, il est indispensable qu'on ait ce droit de choisir notre compagnon de vie. Et néanmoins, ce n'est pas évident du tout en Asie, même dans le pays d'où je viens, la Chine, même si économiquement elle est très développée. Mais beaucoup de mes camarades de classe, les jeunes de mon âge, face à ce conflit avec les parents, ont une éducation plutôt occidentale donc, eux et moi, on pense qu'on doit choisir notre mari. Mais les parents ont une pensée plus traditionnelle. Ils pensent que le mariage, c'est une affaire entre deux familles et donc que tout le monde dans les deux familles doit participer, doit avoir le droit de donner son opinion. Ce n'est pas toujours le cas, il y a des gens qui cèdent à leurs parents, qui abandonnent donc qui ne se marient pas avec les gens qui leur plaisent mais qui vont plutôt se marier avec quelqu'un qui plaît à leurs parents. Moi, je trouve que c'est très dommage et que c'est un manque de courage. Et c'est irresponsable pour soi-même de laisser les autres intervenir sur cette question.
EXAMINATRICE : Oui, vous pensez que c'est vraiment une affaire uniquement privée ?
CANDIDATE : Oui, je le pense. Oui bien sûr, on doit gérer aussi la relation de la personne avec laquelle on va se marier avec notre entourage. C'est aussi notre responsabilité parce qu'on ne vit pas tout seul. Mais de toute façon, celui qui décide à la fin, ça doit être nous-mêmes. Finalement, c'est quand même nous qui décidons avec qui on doit se marier.
EXAMINATRICE : Et quels sont les avantages aux yeux des parents plus traditionnalistes d'arranger les mariages ? Pour eux, selon eux, quels sont les avantages ?
CANDIDATE : Selon eux, quand on se marie on est encore jeune, on n'a pas vécu, on n'a pas beaucoup de… Voilà, on n'a pas assez vu le monde donc on risque de faire des erreurs dans notre choix. Et eux, avec leurs opinions…
Les Chinois disent « plus de gens, plus d'idées ». Dans ce cas-là, on peut éviter tous les risques. On n'est pas sûr d'avoir la meilleure vie mais on est sûr d'avoir une vie correcte.
EXAMINATRICE : D'accord. Et vous n'y croyez pas à cet argument-là ?
CANDIDATE : Non, parce qu'une vie heureuse, c'est une conception absolument abstraite. Chacun a sa définition d'une vie heureuse. Pour moi, c'est de pouvoir vivre avec quelqu'un qui me plaît et avec qui je m'entends bien, avec laquelle je peux construire un projet. La vie heureuse, ce n'est pas forcément la vie matérielle. Ce n'est pas forcément la vie heureuse dans les yeux des autres.

Commentaires de l'évaluateur

La candidate est du niveau C1.

• **Le vocabulaire :** le lexique qu'elle utilise manque parfois de précision mais elle sait se sortir de l'impasse (« on n'a pas beaucoup de… Voilà, on n'a pas assez vu le monde »), utiliser des expressions imagées (« laisser les autres intervenir »/« dans les yeux des autres, on n'a pas vécu… ») et trouver des formulations différentes pour appuyer la même idée (« Moi, je trouve que c'est très dommage et que c'est un manque de courage. Et c'est irresponsable pour soi-même de laisser les autres intervenir sur cette question »).

• **La grammaire :** les erreurs grammaticales sont rares et sont typiques de la langue orale, et elles ne gênent pas la compréhension (« nous qui décidons avec qui ~~on doit se~~ nous devons nous marier »). Des structures de phrases complexes sont réussies (« il est indispensable qu'on ait ce droit de choisir notre compagnon de vie, il y a des gens qui cèdent à leurs parents … quelqu'un qui plaît à leurs parents »).

• **La phonétique / phonologie :** sa prononciation est parfaitement compréhensible.

• **Respect de la consigne et interaction :** elle répond au sujet et réagit très bien aux relances de l'examinatrice, elle ne se contente pas de

répéter sous une autre forme différente ce qu'elle aurait déjà pu dire auparavant. Elle sait insister (« Oui bien sûr, on doit gérer ») et apporter des informations supplémentaires (la définition d'une vie heureuse, le proverbe chinois).
- **Aisance :** elle sait garder la parole assez longtemps pour pouvoir fournir une réponse aboutie. Peu d'hésitations, le débit est fluide.
- **Les idées et leur organisation :** son point de vue est clairement énoncé puis argumenté et illustré de manière efficace. Elle arrive à nous transmettre clairement son opinion et à la justifier. Par ailleurs elle utilise un certain nombre d'expressions pour relier ses idées entre elles (« néanmoins »/« même si »/« donc »/« mais de toute façon »/« finalement »).

Question 5bis – page 61

Autre exemple de réponse

Certains penseront sûrement que je suis naïve mais je suis entièrement d'accord avec cette affirmation. J'ai parfaitement conscience que ce jour n'est pas pour demain et j'avoue ne pas y croire mais c'est pourtant une évidence pour moi. D'abord pour des raisons idéologiques : je suis pacifiste, comme beaucoup de monde, et je suis convaincue qu'on n'impose pas une paix durable par la force. On ne rétablit aucune situation critique en faisant la guerre. Pour preuve, il est fréquent, après un conflit, que les vaincus éprouvent un sentiment de haine pour les vainqueurs et un désir de vengeance.

Ensuite, je suis pour la disparition des armées pour des raisons économiques. Je ne connais pas les pourcentages des budgets des États consacrés à l'armement d'un pays mais je sais que les sommes sont colossales. Mettre fin aux dépenses militaires permettrait d'augmenter les budgets alloués à l'éducation et améliorer le niveau de vie des habitants. Le Costa-Rica a dissous son armée à la fin des années quarante et aujourd'hui, c'est un pays tranquille, le plus stable et le plus démocratique d'Amérique centrale.

Enfin, on peut penser qu'une nation sans armée est une nation à la merci d'une autre qui pourra imposer par la force son pouvoir. Personnellement, je pense que c'est oublier que le danger vient souvent de l'armée elle-même. Ce sont les divisions qui existent au sein de l'institution militaire ou les conflits qui peuvent l'opposer aux dirigeants politiques du pays qui font éclater les guerres et qui fragilisent le pays.

Autres arguments en faveur et en défaveur de la disparition des armées

Arguments pour :
- Le budget consacré à l'armée (consacré au but ultime de faire la guerre) est colossal et permettrait de subvenir aux besoins des populations de nombreux pays, assurant ainsi la survie et la sécurité de chacun.
- Toute nation dotée d'une armée cultive la peur chez l'autre et inhibe toute velléité de négociation de paix.

Arguments contre :
- Penser que les peuples peuvent se partager la Terre sans armée est naïf et dangereux.
- Une nation sans armée est une nation à la merci d'une autre qui pourra imposer son pouvoir par la force.
- Les actions des armées nationales sont très variées. Un militaire n'a pas pour vocation la destruction d'autrui mais aussi sa protection (casques bleus, régiments ravitaillant des zones isolées, etc.)
- Peut-être devrait-on se poser la question d'une redéfinition des objectifs des armées avant d'envisager leur dissolution pure et simple.

Question 6 – page 61

Transcription

EXAMINATRICE : Je comprends. Je vous remercie beaucoup. On va passer à la question 6, la dernière question de niveau C2 et là encore l'exercice va durer environ 3 minutes. Donc la question est la suivante : « La mondialisation rapproche les peuples. Qu'en pensez-vous ? »
CANDIDATE : C'est à la mode. Alors la mondialisation, ça rapproche plutôt les commerçants surtout ! Que l'on puisse maintenant tout fabriquer en Chine et qu'on le ramène en France, oui, ça rapproche les gens. Ça rapproche aussi les gens... Comment dire ? Les gens inconnus. Il est plus facile de faire la connaissance de personnes lointaines, des gens dans d'autres pays. Dans ce sens-là, effectivement, ça rapproche les gens. Mais d'un autre côté, je trouve qu'avec la mondialisation, comme toutes nos attentions sont attirées par le monde extérieur, par le monde lointain, on néglige de plus en plus les gens juste à côté de nous, que c'est l'inconvénient de la mondialisation qui...
EXAMINATRICE : Mais de quelle manière la mondialisation vous semble permettre davantage la rencontre avec les inconnus ou les gens plus lointains en fait ?
CANDIDATE : Déjà, au niveau du transport. Ils sont plus accessibles à tous, les transports en avion ou les trains à grande vitesse qui nous amènent loin. On organise facilement des voyages dans des pays inconnus. Ça nous permet de rencontrer des gens. Ensuite, avec Internet, les sites de rencontre, ou les sites, je ne sais pas comment on dit, les sites sociaux...

EXAMINATRICE : Oui, les réseaux sociaux ?
CANDIDATE : Les réseaux sociaux comme Facebook. Voilà, tout ça permet aussi de rencontrer les gens.
EXAMINATRICE : D'accord.
CANDIDATE : Pas de les connaître bien mais de les rencontrer.
EXAMINATRICE : Et dans quelle mesure on néglige les gens qui nous sont plus proches ?
CANDIDATE : Certainement que, quand on passe plus de temps à l'étranger, qu'on passe plus de temps sur Internet, on parle moins avec les gens de notre entourage et on a moins de communication directe. Des fois même avec la famille, on passe par des emails, par des tchats. Mais, il y a tout l'aspect gestuel ou les affections qui sont diminués et qui disparaissent. Donc dans ce sens-là, je pense qu'on a plus de distance avec les gens autour de nous.
EXAMINATRICE : Et bien je vous remercie beaucoup et l'examen est terminé et je vous souhaite une bonne journée.
CANDIDATE : À vous aussi, merci.
EXAMINATRICE : Merci.

Commentaires de l'évaluateur

La candidate est partiellement du niveau C2.
Pour la première fois, la candidate est en difficulté.

• **Le vocabulaire :** le lexique est varié (« à la mode »/« commerçants »/« fabriquer »/« attentions attirées »/« affections »/« lointain »/« néglige »/« sites de rencontres »/« gestuel »). Mais il manque de complexité et de précision pour le niveau C2.

• **La grammaire :** ses phrases sont plus maladroitement construites. Certains passages sont une suite de phrases simples, les unes à la suite des autres. Toutefois, on trouve des phrases complexes réussies (« Que l'on puisse [...] et qu'on le ramène en France [...] »/« [...] comme toutes nos attentions [...] on néglige de plus en plus les gens qui sont à côté de nous »).

• **La phonétique / phonologie :** sa prononciation est parfaitement compréhensible.

• **Respect de la consigne et interaction :** elle répond à la question et réagit efficacement aux sollicitations de l'examinatrice en apportant des informations supplémentaires (transports, Internet). Sa capacité d'interaction est évidente et ses réponses permettent de creuser et d'étayer son point de vue. Notez aussi son premier commentaire à la question qui lui permet de prendre le temps de la réflexion pour formuler son premier argument (« C'est à la mode ! »).

• **Aisance :** on regrette qu'elle ne garde pas la parole plus longtemps lorsqu'elle répond aux sollicitations de l'examinatrice afin de gagner en développement et efficacité. C'est cette durée de réponse trop courte (réduisant ainsi la matière de production à évaluer) qui aura ici un impact décisif sur la note finale.

• **Les idées et leur organisation :** elle ne manque pas d'arguments ni d'exemples pertinents et elle les formule avec humour (« Alors la mondialisation, ça rapproche plutôt les commerçants surtout ! »). Quelques éléments d'organisation du discours sont à relever (« Dans ce sens-là, effectivement »/« Mais d'un autre côté »/« comme »/« certainement »).

Question 6bis – page 61

Autre exemple de réponse

C'est amusant, je ne vois pas comment quelqu'un a pu en arriver à cette conclusion. Je dirais au contraire que les différences culturelles sont inéluctablement sources de richesse. Je parle de richesse intellectuelle. Ça apporte de la valeur humaine. Pour moi, rien n'est pire qu'une personne fermée qui ne s'ouvrirait pas à l'autre. Ceci est valable également pour une société. Si une personne ou une société refuse de s'exposer à la différence qu'apporte l'autre, c'est qu'elle vit sous la contrainte de la peur : la crainte de l'autre et du changement. L'Histoire montre que les sociétés n'ont évolué qu'en se confrontant aux autres cultures. Si elles partaient du principe que cette confrontation doit amener à un conflit, elles ne progresseraient plus. Les différences culturelles sont sources de découverte, d'ouverture et de progrès. Il suffit de dresser la liste des découvertes faites dans la médecine. Les recherches scientifiques s'inspirent souvent des habitudes différentes dans les autres pays. Je pense par exemple à la médecine chinoise ou bien à la connaissance et à l'utilisation des herbes par de nombreuses tribus américaines : ces pratiques ont beaucoup apporté à la médecine occidentale actuelle.

Je souhaiterais rajouter une idée supplémentaire, c'est qu'il existe selon moi, un vaste domaine où les différences culturelles peuvent avoir des répercussions positives ou négatives, c'est dans le domaine de l'art.

En effet, l'art n'a pas besoin de connaissances théoriques pour séduire, pour rapprocher les populations et créer un consensus international. Je pense par exemple aux œuvres des peintres impressionnistes qui sont mondialement connues, admirées et appréciées. En cela l'art joue le rôle d'une langue universelle.

Mais parfois l'art d'un pays ou la créativité d'une personne provoque ou choque d'autres contrées ou d'autres personnes. Dans ce cas-là, l'humour ou la liberté d'expression peut provoquer conflits et contestations violentes.

Je conclurai en soulignant que si l'on imagine

113

qu'une différence culturelle est la source d'un conflit, c'est qu'on n'a pas suffisamment analysé la situation. Je mettrais ma main à couper que derrière ce conflit se cachent d'autres motivations comme la recherche du profit et/ou du pouvoir, la jalousie, la rancune, etc.

Autres arguments en faveur et en défaveur de l'inéluctabilité des conflits dus aux différences culturelles

Arguments pour :
- La culture de chacun induit un comportement qui peut aller à l'encontre de celui d'un étranger ; ces comportements ou ces actes peuvent choqués et être perçus comme des attaques, des provocations.
- On peut parler aussi de différences culturelles au sein d'une même nation, entre générations par exemple : les références culturelles sont différentes, les points de vue divergents et les conflits nombreux.

Arguments contre :
- Les différences culturelles sont un leurre : nous sommes tous citoyens du monde. Nous avons tous les mêmes aspirations (le bonheur) et les mêmes valeurs profondes (les mêmes crimes sont punissables). Ce sont nos sociétés respectives qui façonnent notre regard sur le monde mais avec un peu de volonté nous pourrions nous en affranchir.
- La peur de l'autre provient d'un manque de confiance en soi. C'est parce que l'on se connaît peu soi-même que l'autre/l'inconnu incarne un danger.

TESTS BLANCS

COMPRÉHENSION ORALE / TEST BLANC N° 1

Question 55 – page 63
⇨ **Réponse : D**

Transcription

LE DOCUMENT SONORE :
— Qu'est-ce que tu veux manger ce midi ? Du poisson ou de la viande ?
— Je ne sais pas. On pourrait faire des œufs.
— Oui. Ou alors des spaghettis à la tomate, tu aimes ça ?
— Oh oui, avec du gruyère. Bonne idée !

LA QUESTION :
Que vont manger les deux personnes ?

Question 56 – page 63
⇨ **Réponse : D**

Transcription

LE DOCUMENT SONORE :
A. Donnez-moi trois steaks hachés.
B. Je vais prendre un kilo de bananes.
C. Je voudrais un café et un croissant.
D. Une demi-baguette, s'il vous plaît.

Question 57 – page 64
⇨ **Réponse : B**

Transcription

LE DOCUMENT SONORE :
A. Bois ton chocolat, il va être froid.
B. Lève-toi, Alice, il est 7 heures.
C. Mets ton manteau, on s'en va.
D. Prends ton parapluie, il pleut.

Question 58 – page 64
⇨ **Réponse : C**

Transcription

LE DOCUMENT SONORE :
A. Cherche une place pour te garer, s'il te plaît !
B. Le bus n'arrive pas, je t'emmène en voiture !
C. Nous sommes en retard, prenons un taxi !
D. Va à la station-service, il faut faire le plein !

Question 59 – page 64
⇨ **Réponse : A**

Transcription

LE DOCUMENT SONORE :
A. Chéri, je vais faire les courses.
B. Viens, je t'emmène au cinéma.
C. Noé, je t'accompagne à la gare.
D. Allez, c'est l'heure d'aller dormir.

Question 60 – page 65
⇨ **Réponse : D**

Transcription

LE DOCUMENT SONORE :
— Qu'est-ce que tu fais ce soir ? Tu vas au cinéma ?
— Non. Il y a un vieux film de Charlot qui passe à la télé, je veux le voir. Je peux inviter Karim ?
— Oui, si tu veux. Mais vous mangerez des pizzas, il n'y a rien d'autre. Est-ce que tu peux aller chercher le pain ?
— D'accord. J'y vais tout de suite.

LA QUESTION :
Que feront Karim et son amie ce soir ?

Corrigés

Question 61 – page 65
⇨ **Réponse : A**

Transcription

L'EXTRAIT SONORE :
Vous vivez ici depuis longtemps ?

LES QUATRE PROPOSITIONS :
A. J'ai acheté il y a 18 ans.
B. Je m'en irai dans 1 mois.
C. J'aimerais bien m'installer ici.
D. C'est assez rapide en autobus.

Question 62 – page 65
⇨ **Réponse : A**

Transcription

L'EXTRAIT SONORE :
— Tu n'as pas mangé à la cantine à midi ?

LES QUATRE PROPOSITIONS :
A. Non, je suis sorti, je voulais prendre l'air.
B. Non, j'ai pris le poisson et les légumes.
C. Non, ne m'attendez pas, j'irai plus tard.
D. Non, c'est souvent fermé après 20 heures.

Question 63 – page 65
⇨ **Réponse : C**

Transcription

LE DOCUMENT SONORE :
— S'il vous plaît, Monsieur, vous êtes du quartier ?
— Oui, j'habite ici.
— Est-ce que vous connaissez l'avenue Berlioz ?
— Ah oui, ce n'est pas de ce côté-ci. Vous devez retourner jusqu'à la mairie et reprendre l'avenue de Paris en face. Vous descendez l'avenue toujours tout droit, vous tournez à gauche au rond-point et c'est la 3e avenue qui part du rond-point, juste après le tabac.

LA QUESTION :
Que cherche la passante ?

Question 64 – page 66
⇨ **Réponse : C**

Transcription

LE DOCUMENT SONORE :
Moi, je suis diplômée depuis octobre et je suis en recherche d'emploi depuis. Enfin, en recherche d'emploi… J'ai aussi beaucoup de projets personnels et il me faut juste un emploi pour les mettre en ordre et payer mon loyer. Mais sinon j'ai quand même des projets personnels. Dans l'édition.

LA QUESTION :
Que souhaite faire la personne interrogée ?

Question 65 – page 66
⇨ **Réponse : C**

Transcription

LE DOCUMENT SONORE :
— Tu ne me ramènes jamais rien de tes missions à l'étranger.
— Mon chéri, j'y vais pour le travail, tu le sais bien ! Quand il me reste un peu de temps pour faire du tourisme, j'essaye de prendre quelques clichés.
— Mais la dernière fois, tu m'avais dit que ta mission se déroulerait tout près d'un centre commercial ! Tu pouvais au moins m'acheter un tee-shirt en passant.
— Enfin, je ne vais pas passer mon temps libre dans un centre commercial pour te ramener le même polo que celui que je trouverais dans une boutique ici !
— Mais c'est juste un souvenir ! Pour dire que tu penses à moi quand tu es loin !
— Non, je ne vois pas en quoi un vêtement que l'on trouve partout dans le monde, serait un souvenir de voyage. Un souvenir pour moi doit être typique du pays. D'habitude, je te ramène toujours quelque chose mais là, je n'ai vraiment pas eu le temps.

LA QUESTION :
Pourquoi le garçon est-il mécontent ?

Question 66 – page 66
⇨ **Réponse : C**

Transcription

LE DOCUMENT SONORE :
Record battu. Près de 10 000 personnes et plus de 200 auteurs qui ont dédicacé ou commenté leurs ouvrages, tous satisfaits de l'affluence exceptionnelle du Salon organisé par la ville. Première raison avancée pour expliquer la fréquentation de cette année : la décision du maire de faire distribuer les *Gazettes du Salon* dans toutes les boîtes aux lettres boulonnaises. Chacun a pu ainsi en savoir plus sur les auteurs, les conférences, les tables rondes, les ateliers. Et vous avez été nombreux, en effet, à écouter et à interroger Boris Cyrulnik, Claude Hagège, et tant d'autres…

LA QUESTION :
Selon le journaliste, qu'est-ce qui explique le succès de l'événement ?

Question 67 – page 66
⇨ **Réponse : D**

Transcription

LE DOCUMENT SONORE :
La cuisine antillaise, c'est tout d'abord la cuisine d'une région de France. C'est une cuisine créée

115

Corrigés

de toutes pièces par la cohabitation de différentes cultures. C'est ma grand-mère qui m'en a transmis le goût. Je n'ai jamais appris à cuisiner quand j'étais enfant ou ado. J'ai appris grâce aux bonnes odeurs de la cuisine de ma grand-mère. Devenue grande, j'ai essayé de reconstituer ces odeurs dans ma propre cuisine d'étudiante et ça a commencé comme ça. Ça vient tout seul, c'est un don du ciel. Elle me donne beaucoup de bonheur chaque jour.

La question :
Comment cette femme a-t-elle appris à faire la cuisine ?

Questions 68 et 69 – page 67
⇨ **Réponse : C** (question 68)
⇨ **Réponse : B** (question 69)

Transcription

Le document sonore :
— Sengor Coulibaly, vous êtes arrivé en 1994, c'est ça ?
— Oui, je suis arrivé en 1994.
— Et vous repartez ? Vous ne reviendrez plus au foyer ?
— Non, non, je ne reviendrai plus. Pour moi, c'est définitif. Ici je n'ai plus de lien. C'est mon vieux qui était là, mon père. Il était arrivé en 74-75.
— D'où venez-vous ?
— Je viens du Mali. Je suis venu seul.
— Et votre père ?
— Mon père est à la retraite, il est rentré au pays. Mais il y aura toujours de nouveaux émigrés pour le remplacer.
— Et vous pensez que vos enfants feront la même chose ?
— Ce n'est pas mon souhait. Je souhaite qu'ils restent au pays pour étudier et avoir un travail tranquille chez eux, là-bas.

La question 68 :
Qu'apprend-on sur M. Coulibaly ?

La question 69 :
Que désire-t-il ?

Question 70 – page 67
⇨ **Réponse : B**

Transcription

Le document sonore :
Nous avons émigré d'abord en Autriche où nous sommes restés pendant deux ans. Et c'est là où nous avons beaucoup travaillé pour apprendre la langue parce que c'était le plus important. Mon mari et moi, nous avons suivi des cours en alternance, moi le matin, mon mari l'après-midi, parce que nous devions nous occuper déjà aussi de nos trois enfants. Mais ce n'était pas facile, heureusement les enfants nous ont finalement beaucoup aidés. Ils se sont très vite acclimatés à l'école, ont commencé à amener leurs camarades à la maison et nous obligeaient à réagir et à communiquer en allemand. Et puis ça allait vite. Après deux ans, j'ai constaté que j'étais capable de parler allemand, et après quatre ans j'ai commencé à écrire dans cette langue.

La question :
Qu'est-ce qui a été déterminant pour l'intégration de la famille dont il est question dans ce témoignage ?

Question 71 – page 67
⇨ **Réponse : D**

Transcription

Le document sonore :
Cette année, le festival de Cannes a récompensé le cinéma français en remettant la très convoitée Palme d'or à La vie d'Adèle, chapitre 1 et 2. Le jury a apprécié la fraîcheur de jeu des deux héroïnes, la musique originale du film qui porte le spectateur, la beauté du film lui-même. Mais au-delà de toutes ces qualités, la force de ce film, c'est que « c'est une très belle histoire, un amour auquel tout le monde peut s'identifier », a expliqué le Président du jury.

La question :
Qu'est-ce qui est relevé par le Président du jury à propos du film évoqué ?

Question 72 – page 68
⇨ **Réponse : C**

Transcription

Le document sonore :
— Souvent on partait pour apprendre une deuxième langue, on partait de la maison une année, comme femme de ménage ou bien pour garder des enfants, comme jeune fille au pair quoi. On disait que les Suisses romans étaient plus décontractés, plus gais, plus... Et c'est vrai, en Suisse romande, tout est moins strict.
— Alors, vous étiez ravie de partir, d'aller vivre cette expérience ?
— J'étais partagée, je ne savais pas ce qui m'attendait et c'était la première fois que je quittais mes parents. Heureusement, j'ai vite rencontré du monde, car il y avait énormément de Suisses allemandes comme moi qui venaient pour une année. Et qui, finalement, sont restées.

La question :
Quel souvenir cette femme garde-t-elle de son état d'esprit avant son départ ?

Corrigés

Question 73 – page 68
⇨ **Réponse : A**

Transcription

LE DOCUMENT SONORE :
— Vous commencez à être prisée par les tabloïds locaux, c'est difficile ?
— Alors vu que je ne les lis pas, je ne suis pas très affectée, c'est plutôt des amis qui postent différents articles sur ma page Facebook pour me mettre au courant. Pour ma part, je considère que cela fait partie du côté show-business auquel appartient même une profession comme présentatrice du JT.
Cela peut vraiment faire plaisir quand on lit des choses agréables écrites par un journaliste qu'on ne connaît pas, c'est presque même émouvant. Et quand ils écrivent n'importe quoi, souvent, cela me fait rire. L'aspect vérité n'est pas une priorité dans ce genre d'articles.
Bref, je ne me sens pas très concernée par tout cela, cela fait partie du jeu en quelque sorte.

LA QUESTION :
Que pense des tabloïds la femme interrogée ?

Question 74 – page 68
⇨ **Réponse : D**

Transcription

LE DOCUMENT SONORE :
— Il y a ceux qui préfèrent le jogging en solitaire. Et puis il y a les autres, davantage motivés lorsqu'ils pratiquent leur sport favori à deux, ou plus. Pour moi, la meilleure solution pour rencontrer d'autres coureurs reste Internet. J'ai découvert récemment un réseau social dont la vocation est de faciliter le partage d'activités entre ses membres. J'ai ainsi pu réunir une dizaine de personnes de ma région pour aller courir tous ensemble.
— Moi, je me suis inscrit dans un club de course à pied. Lorsqu'il en existe un dans votre région, c'est le meilleur moyen de rencontrer des gens partageant la même passion. Et, au-delà de l'aspect social, c'est bénéfique pour se motiver, progresser, et s'accrocher dans les moments de découragement.
— Oui, ce sont de bons arguments pour s'inscrire dans une association ou un club. Autre option : discuter avec les autres joggers assidus que vous croisez régulièrement lors de vos séances. Ils sont peut-être, eux aussi, en quête d'un partenaire...

LA QUESTION :
Quel avantage les personnes interrogées mettent-elles en avant au sujet de la pratique sportive en groupe ?

Questions 75 et 76 – page 68
⇨ **Réponse : B** (question 75)
⇨ **Réponse : C** (question 76)

Transcription

LE DOCUMENT SONORE :
Certains scénaristes éprouvent le besoin de se plonger dans un univers proche de l'univers de l'histoire du scénario qu'ils doivent écrire. C'est ainsi que le scénariste de *Né quelque part* a séjourné quelques temps dans la famille algérienne du réalisateur. Il a vécu les grandes tablées en famille, les visites des voisins qui vont et qui viennent, tout ce que découvre le personnage du film. Ce scénariste qui a voyagé partout dans le monde dit qu'il n'a jamais vu d'autre pays où la France est aussi présente. Il ajoute qu'il n'en avait pas du tout conscience avant de vivre cette expérience et qu'il a trouvé important de le montrer dans le film. Tout comme les producteurs du film qui ont choisi de le financer. Ce film, c'est l'histoire d'un enfant d'immigré qui découvre le pays de son père. Beaucoup pourront s'y reconnaître. Pour les producteurs, cette histoire devait être racontée pour permettre au public de mieux connaitre la France. Parce que le cinéma et les récits comme celui-ci permettent de montrer la réalité avec délicatesse, sans heurter. « Cela relève de notre responsabilité de citoyen, par ailleurs cinéaste », déclare l'un d'entre eux.

LA QUESTION 75 :
Que dit le scénariste à propos de l'Algérie ?

LA QUESTION 76 :
Pourquoi les producteurs disent-ils avoir voulu soutenir ce film ?

Question 77 – page 69
⇨ **Réponse : C**

Transcription

LE DOCUMENT SONORE :
Le français et moi, c'est une histoire d'amour... Amour pour la France d'abord, pour sa langue et pour sa culture. Même si j'ai fait des études de mécanique dans une école d'ingénieurs. Sous mes livres de cours, il y en avait toujours un autre en français. Ça m'intéressait bien plus. Ces études de mécanique, ce n'était pas mon choix. On m'a dit : « Si tu veux faire des études, ce sera la mécanique... » Mais cela n'a rien changé à mon intérêt pour le français. Ensuite, les frontières se sont un peu entrouvertes, on commençait à avoir la possibilité de sortir du pays. Sur invitation de mes correspondants, j'ai alors fait mes premiers voyages en France pendant les vacances. Et là, j'ai découvert quelque chose qui m'a énormément surprise.

117

Je pensais pouvoir parler français, mais les gens ne me comprenaient pas et moi, je ne comprenais pas ce qu'ils me disaient. Tandis que je parlais avec un fort accent étranger, les Français, eux, parlaient trop vite pour moi. Et pourtant je lisais le français et l'écrivais sans fautes. Cela a été un choc. Il y avait ce que l'on m'apprenait, ce que moi je pouvais apprendre et la réalité... Heureusement, ça s'est vite arrangé.

LA QUESTION :
Que dit la personne interrogée à propos de son apprentissage de la langue française ?

Question 78 – page 69
⇨ **Réponse : D**

Transcription

LE DOCUMENT SONORE :
— De nombreux restaurants français ont fermé avant même que la crise n'éclate. Il semble qu'ils étaient trop chers pour les locaux. Est-ce que le bistrot que vous allez ouvrir à Prague prend en considération les ressources des Tchèques et le budget moyen qu'ils consacrent pour aller au restaurant ?
— Vous parlez prix. Mais ce n'est pas un problème, le prix. Contrairement à ce que vous laissez entendre, le prix des restaurants français n'est pas forcément plus élevé que d'autres. Mais tout le problème vient justement de là ! L'image de la cuisine française : des plats sophistiqués, difficiles à apprécier, pas assez copieux et très chers ! C'est aux antipodes des réalités !

LA QUESTION :
Contre quoi l'homme interrogé s'insurge-t-il ?

Question 79 – page 69
⇨ **Réponse : C**

Transcription

LE DOCUMENT SONORE :
C'est une petite révolution, qui aura vu la victoire des piétons sur les automobilistes : haut lieu de contestation populaire, la nouvelle place de la République à Paris sera inaugurée dimanche par le maire, après un an et demi de travaux qui ont bouleversé sa physionomie. Engagement de campagne du maire, le réaménagement de la place est, avec celui des voies sur berges, l'une des opérations les plus emblématiques de la volonté du maire de réduire la place de l'automobile à Paris, au profit des piétons et des circulations douces. Le côté nord de la place a été fermé aux véhicules excepté les bus, taxis et véhicules de livraison, le côté sud mis à double sens. La traversée nord-sud est désormais impossible. Habituel point de ralliement politique et festif, la place deviendra aussi un lieu propice à la flânerie et au repos.

LA QUESTION :
Que sous-entend cette chronique qui annonce la réouverture de la place de la République à Paris ?

Questions 80 et 81 – page 69
⇨ **Réponse : C** (question 80)
⇨ **Réponse : A** (question 81)

Transcription

LE DOCUMENT SONORE :
— L'Allemagne vieillit donc elle manque de bras. Est-ce que ces émigrants permettent à l'Allemagne de résoudre ses problèmes ?
— Alors, d'après les experts, c'est en large partie le cas puisque ces personnes sont plus jeunes, plus motivées et plus qualifiées que la moyenne de la population. Cela vaut aussi d'ailleurs pour la Roumanie et la Bulgarie contrairement à un certain nombre de réactions négatives, notamment des villes allemandes qui craignent une immigration avant tout due à la pauvreté et à l'attraction peut-être qu'exercerait le système social allemand.
Les entreprises allemandes aussi, c'est aussi une des raisons de cette venue plus importante d'étrangers, recherchent plus qu'avant du personnel qualifié à l'international dans d'autres pays européens. Et puis donc, une immigration qui est moins que dans le passé liée par exemple au regroupement familial comme on l'a connu longtemps dans l'immigration traditionnelle, à savoir celle de la minorité turque. (www.radio.cz)

LA QUESTION 80 :
Selon le journaliste interviewé, quelle tendance observe-t-on en Allemagne ?

LA QUESTION 81 :
Que souligne-t-il à propos des migrants originaires de la Roumanie et de la Bulgarie ?

Question 82 – page 70
⇨ **Réponse : C**

Transcription

LE DOCUMENT SONORE :
— Pour vous, les enfants qui sont ici, en Guyane où nous nous trouvons en ce moment, les enfants qui viennent dans votre école sont assez matures ?
— Je ne sais pas si mes collègues et moi pensons à la même chose parce que ce qu'ils appellent être mature, c'est être mature pour entrer dans les apprentissages. Alors que moi, lorsque je parle de la maturité, je parle de la

capacité de l'enfant à quitter sa famille et à se faire adopter par un autre monde, c'est ça. Parce que si on n'a pas réussi à faire ce grand pas là, celui de quitter sa famille, quand on est un enfant bushi engé, on ne sera jamais à l'aise à l'école. Si un enfant bushi engé échoue à l'école, ce n'est vraiment pas dramatique pour sa famille, puisque aller à l'école, ne signifie pas que nous ne continuons pas notre propre éducation au sein de la famille. Vraiment, dans la conception bushi engé, ça ne nous enlève rien. Donc, ce qu'il ne faudrait surtout pas faire, c'est stigmatiser.

LA QUESTION :
En quoi la personne interrogée se démarque-t-elle de ses collègues ?

Question 83 – page 70
⇨ Réponse : C

Transcription

LE DOCUMENT SONORE :
— Vous jouez Mathilde dans la dernière pièce de Pierre Dayez. Comment avez-vous abordé ce rôle ?
— Pierre s'est approché de très près de ce qu'est le fonctionnement – et le dysfonctionnement – du cerveau d'une femme. C'est comme une saisie à l'état brut d'un torrent de pensées, avant qu'elles ne s'organisent en pensées. C'est encore plus vrai avec mon personnage, Mathilde, qui est assez peu policée. Pour elle, c'est tout à fait naturel d'être comme elle est, cash. Elle dit tout dans le désordre. Ça ne la gêne pas. Mais ce qui est compliqué, c'est qu'en vérité, elle ne dit rien à personne, c'est dedans que ça se passe, et c'est pour ça que c'est si libre. Alors il faut jouer comme une bestiole qui ne sait pas qu'on la regarde, ne pas être en représentation.

LA QUESTION :
Selon la comédienne interrogée, en quoi le personnage de Mathilde est-il difficile à interpréter ?

Question 84 – page 70
⇨ Réponse : A

Transcription

LE DOCUMENT SONORE :
Moi, j'ai horreur d'entendre les gens essayer de se donner une aura en incriminant un système. Un système, il faut le combattre, il faut le combattre là où il se trouve. Il faut aller dans le pays pour montrer aux citoyens ce qui a encore de la valeur dans ce pays, qui a du talent, qui a du génie. Et c'est exactement, ce que je fais. Mais que font aujourd'hui certains écrivains ? Ils écrivent des choses tellement abominables sur leur propre pays que personne ne les édite chez eux. Ils disent qu'ils sont censurés dans leur pays, c'est faux. Beaucoup de gens croient que ces écrivains vivent sous une dictature. Est-ce que l'on peut appeler dictateur quelqu'un qui peut lire dans un livre des monstruosités sur lui, tandis que l'auteur de ces monstruosités peut circuler sans avoir de problèmes ? Ces écrivains sont des gens qui vivent là, qui passent leur temps à insulter le régime et qui ne vont jamais en prison. Donc voilà, il faut arrêter cette mascarade et moi je demande qu'on arrête d'encourager ce genre de paranoïa. Un écrivain, c'est d'abord une œuvre. Ou elle est valable, ou elle n'est pas valable.

LA QUESTION :
En quoi consiste l'imposture dénoncée dans ce discours ?

COMPRÉHENSION ORALE / TEST BLANC N° 2

Question 85 – page 71
⇨ Réponse : B

Transcription

LE DOCUMENT SONORE :
— Tu aimes le sport ? Tu fais du tennis ?
— Non, je préfère le basket.
— Demain, je vais faire du vélo, tu veux venir avec moi ?
— Oui. Cela va me changer du jogging.

LA QUESTION :
Quel sport est-ce que les deux jeunes vont faire ensemble ?

Question 86 – page 71
⇨ Réponse : B

Transcription

L'EXTRAIT SONORE :
— Vous avez quel âge ?

LES QUATRE PROPOSITIONS :
A. Je fais du 42.
B. Je suis né en 1962.
C. Quarante exactement.
D. Une vingtaine environ.

Question 87 – page 71
⇨ Réponse : B

Transcription

LE DOCUMENT SONORE :
A. Je cherche un arrêt de bus, est-ce qu'il y a un bus qui passe par ici ?

Corrigés

B. Je cherche un cd de jazz, est-ce que vous pouvez me renseigner ?
C. Je cherche un magasin de sports, est-ce que c'est ici ?
D. Je cherche un travail de nuit, est-ce que je peux m'inscrire ?

Question 88 – page 72
⇨ **Réponse : A**

Transcription

LE DOCUMENT SONORE :
A. Madame, venez, il y a une caisse libre ici !
B. Ne vous garez pas ici, c'est réservé aux livraisons !
C. Promotion sur les fromages, goûtez-moi ça !
D. Tenez, voici un caddie pour faire vos courses !

Question 89 – page 72
⇨ **Réponse : C**

Transcription

L'EXTRAIT SONORE :
— Oh ! Tu es allée chez le tailleur ?

LES QUATRE PROPOSITIONS :
A. Oui, j'avais trop mal aux dents.
B. Oui, je voulais perdre 3 kilos.
C. Oui, il me manquait un pantalon.
D. Oui, mes cheveux étaient longs.

Question 90 – page 72
⇨ **Réponse : C**

Transcription

L'EXTRAIT SONORE :
— Vincent ? Est-ce que je peux te demander un conseil ?

LES QUATRE PROPOSITIONS :
A. Avec plaisir ! C'est à quelle heure ?
B. Bien entendu ! Je te dépose où ?
C. Bien sûr ! C'est à quel sujet ?
D. Oh oui ! Tu voudrais faire quoi ?

Question 91 – page 72
⇨ **Réponse : A**

Transcription

L'EXTRAIT SONORE :
— Où est-ce que tu changes ?

LES QUATRE PROPOSITIONS :
A. À Michel-Ange, c'est dans deux stations.
B. C'est mon coiffeur qui m'a fait la couleur.
C. J'ai trouvé un bel appartement dans Paris.
D. Nous avons des vestiaires au deuxième.

Question 92 – page 72
⇨ **Réponse : C**

Transcription

L'EXTRAIT SONORE :
— S'il vous plaît, on peut passer la commande ?

LES QUATRE PROPOSITIONS :
A. Ce n'est pas de chance, la terrasse est fermée ce soir.
B. Malheureusement, tout est réservé jusqu'à 22 heures
C. Navré de vous faire attendre, j'arrive tout de suite.
D. Non, nous ne faisons plus les livraisons à domicile.

Question 93 – page 73
⇨ **Réponse : A**

Transcription

LE DOCUMENT SONORE :
— Paolo ? C'est Adama. N'oublie pas tes lunettes pour la séance de ce soir. La dernière fois, tu ne voyais rien et tu as dormi pendant deux heures ! On se retrouve bien à 19 h 30 devant la salle, comme prévu ? Le film est à 19 h 45. À tout à l'heure !

LA QUESTION :
Pourquoi Paolo et Adama ont-ils rendez-vous ?

Question 94 – page 73
⇨ **Réponse : A**

Transcription

LE DOCUMENT SONORE :
Bonjour, aujourd'hui notre semaine de reportages se poursuit sur le thème du voyage. Certains sont plus courts, d'autres plus longs et quelques uns définitifs. Vendredi, ce sera la Chine, jeudi, de Paris à Dakar, et aujourd'hui nos micros se sont ouverts aux résidents d'un foyer parisien. La plupart sont originaires de l'Afrique de l'Ouest, certains sont là depuis 30 ans.

LA QUESTION :
Quel est le sujet de l'émission du jour ?

Question 95 – page 73
⇨ **Réponse : C**

Transcription

LE DOCUMENT SONORE :
— C'est quand votre rentrée à la fac ?
— Le 17. Donc euh, lundi prochain.
— Et vous passez la fin de vos vacances à Paris ?
— Eh oui. Là, je suis arrivée pour prendre possession de mon appart' et puis, du coup je reste un petit peu, enfin le temps de m'installer, le temps de démarrer l'année, le temps que la

Corrigés

rentrée revienne quoi. Cela ne sert à rien de rentrer chez moi maintenant et puis… enfin, ça fait des billets de train à payer en plus si je rentre.
— Ça fait combien de temps que vous êtes à Paris ?
— Là, c'est ma troisième année.

LA QUESTION :
Pourquoi cette jeune femme préfère-t-elle rester à Paris jusqu'à sa rentrée ?

Question 96 – page 73
⇨ **Réponse : B**
Transcription

LE DOCUMENT SONORE :
À quelques mètres de la mer, les logements, sous les toits d'une ancienne vaste demeure typique de la région, possèdent de magnifiques terrasses donnant sur le port et abritent des chambres spacieuses, lumineuses, fraîches et confortables. Le restaurant propose une cuisine familiale et utilise des produits de qualité préparés avec simplicité. Tarifs peu élevés. Excellente adresse à tout point de vue.

LA QUESTION :
Quelle est la particularité de cet hôtel ?

Question 97 – page 73
⇨ **Réponse : A**
Transcription

LE DOCUMENT SONORE :
— Vous faites quoi comme petits boulots ?
— Surtout du baby-sitting. Mais c'est vrai que c'est mieux parce que, enfin, j'ai moins l'impression de dépendre de mes parents. Je fais des études à Paris donc ça leur coûte pas mal et du coup j'ai l'impression d'être moins à leur charge quand je fais des petits boulots à côté et que je gagne un peu d'argent ; et puis c'est enrichissant personnellement quoi.

LA QUESTION :
Pourquoi cette jeune femme préfère-t-elle travailler tout en faisant ses études ?

Question 98 – page 74
⇨ **Réponse : D**
Transcription

LE DOCUMENT SONORE :
— Qu'est-ce que tu fais ?
— Rien.
— Comment ça rien ? J'entends le son de l'ordinateur. Tu regardes une vidéo ?
— Non, je ne regarde pas vraiment, je dois travailler.
— Oui, mais là, tu ne travailles pas ?

— Je regarde juste un peu, ok ? Je cherchais une information sur Internet et puis, je suis arrivée sur cette série.
— Par hasard…
— Mais, arrête Léo, je ne suis déjà pas très motivée…
— Écoute, je ne suis pas ta mère, tu n'as pas à te cacher pour regarder ce que tu veux.
Il n'est que 14 h 00, ce que tu as à faire ne doit pas te prendre l'après-midi, si ?
— Non.
— Alors, regarde tranquillement ta série et détends-toi ! Tu te mettras au travail après.

LA QUESTION :
Que dit Léo à son amie ?

Question 99 – page 74
⇨ **Réponse : A**
Transcription

LE DOCUMENT SONORE :
Artiste tous terrains, cette grande dame née à Alger a tout fait : elle est montée sur les planches dans des pièces comme *Électre* ou *La Célestine*, elle a mis le feu à l'Opéra comique avec la complicité de Jérôme Savary, elle a sorti un album. Cette année, elle fête ses 60 ans et c'est avec la même folle énergie qu'elle monte sur scène. Dans la salle, son public est au rendez-vous, youyous et ambiance familiale endiablée ; la salle affiche complet depuis janvier.

LA QUESTION :
Qu'apprend-on sur cette comédienne algérienne ?

Question 100 – page 74
⇨ **Réponse : C**
Transcription

LE DOCUMENT SONORE :
Quand on part à l'étranger, comme je l'ai fait, on n'examine pas la situation sous toutes les coutures, on agit. Après c'est vrai qu'en regardant en arrière, on peut se dire que telle ou telle chose était culottée, courageuse ou inconsciente. Mais le propre de la jeunesse et de l'amoureuse, c'est de suivre son instinct : on ne pense pas, on fonce, on vit chaque instant comme un cadeau. Cela peut être difficile, on peut avoir des moments noirs, des instants de doute. Mais je crois que la joie de pouvoir faire cette expérience l'a emporté sur le reste. N'empêche, il y avait un côté assez naïf très certainement !

LA QUESTION :
Comment cette personne voit-elle sa décision d'expatriation ?

Question 101 – page 74
⇨ **Réponse : C**

Transcription

LE DOCUMENT SONORE :
— On entreprend des choses pour essayer d'améliorer le quotidien de personnes démunies. Ça nous fait plaisir et c'est aussi satisfaisant. D'un point de vue humain. Si le bénévolat fonctionne autant, c'est bien sûr parce que les jeunes y trouvent du plaisir. Moi, j'enchaîne mes cours à l'université avec de l'aide aux devoirs, et je consacre presque tous mes week-ends à la Croix-Rouge. D'autres choisissent des bénévolats bien plus ponctuels. Le choix est vaste, nous formons un réseau de 6 000 associations étudiantes. La forme de bénévolat qui augmente le plus, c'est le bénévolat informel, c'est-à-dire, aller aider directement son voisin sans passer obligatoirement par une association. Les personnes s'engagent de plus en plus de manière ponctuelle et non plus pour 20 ans dans la même association comme ça pouvait être le cas auparavant.
— Parmi les bénévoles recensés aujourd'hui, près de la moitié n'appartiennent à aucune association mais donnent de leur temps autour d'eux.

LA QUESTION :
Selon ce reportage, qu'est-ce qui caractérise le bénévolat de nos jours ?

Question 102 – page 74
⇨ **Réponse : B**

Transcription

LE DOCUMENT SONORE :
Les journalistes sur Internet travaillent très rapidement. Il y a toujours cette course à qui sera le premier. Parfois, afin d'être le premier, ils ne vérifient pas leurs informations.
Ainsi, souvent, sur Internet, on considère que les informations ne sont pas forcément véritables à 100 %, même si par la suite on va les présenter comme telles. La pratique est la suivante : quand on découvre une information fausse, on la corrige immédiatement. Ce qui est important au final dans ce jeu-là, c'est cet effet de retour. Par exemple, les internautes eux-mêmes peuvent écrire pour dire qu'une information est inexacte. J'ai la forte impression qu'Internet conduit à une certaine superficialité et à une modification du travail des journalistes, qui ne prennent parfois pas la peine de vérifier leurs informations. Le téléphone leur suffit, ils ne vont pas sur le terrain.

LA QUESTION :
Quel reproche fait cet intervenant à la presse sur Internet ?

Question 103 – page 74
⇨ **Réponse : D**

Transcription

LE DOCUMENT SONORE :
Le prix élevé des produits est encore le principal frein à la consommation biologique. À l'inverse, dans le cas des marchés fermiers, qui ne sont pas nécessairement bio mais qui répondent aux mêmes attentes du consommateur qui se veut responsable, le coût des produits peut être en réalité plus faible avec moins d'intermédiaires dans le circuit de distribution, avec moins de marges commerciales, et moins de transport puisque les aliments viennent d'un village des environs. En revanche, ces marchés échappent assez largement aux contrôles et lorsque ceux-ci ont lieu, on se rend souvent compte que les produits alimentaires et les matières premières proposés sur ces marchés fermiers sont directement en contact avec l'environnement extérieur, qu'il n'y a rien pour les protéger des clients. On relève aussi quelques ennuis avec la température...

LA QUESTION :
Quel est l'inconvénient du système de vente directe décrit dans ce reportage ?

Question 104 – page 75
⇨ **Réponse : D**

Transcription

LE DOCUMENT SONORE :
Alors votre premier film, c'est l'histoire d'une jeune femme sans domicile qui arrive dans une famille. J'ai eu un peu peur au début, je me suis dit ça va encore être un truc un peu social à la française, un peu donneur de leçon, et peut-être un peu misérabiliste... Et alors, c'est tout sauf ça ! À mon avis, c'est le grand tour de force de votre film : on ne tombe pas dans les travers du genre. Même si vous parlez de ces jeunes femmes qu'on peut voir dans les grandes villes, qui dorment dehors, qui ont été souvent en rupture sociale ou familiale pour la plupart, et qui ne savent pas où aller. L'écueil, c'était de ne pas tomber dans le pathos, dans la simplicité ou le démagogique, et vous avez rondement mené votre affaire.

LA QUESTION :
Quelle a été la bonne surprise du critique en voyant le film ?

Question 105 – page 75
⇨ **Réponse : C**

Transcription

LE DOCUMENT SONORE :

— Comment se passe votre retour en France après 15 années d'absence ?
— J'ai triché. Non, j'ai rusé. Je suis venue vivre dans le Sud de la France, alors que moi-même je viens de Bretagne. Rien à voir ! Après 15 ans à l'étranger, je craignais un peu de rentrer, je trouvais qu'il y avait une sorte de renoncement à l'idée de retourner à la maison un peu penaud… Comme si je renonçais à cette expérience à l'étranger à laquelle je tiens. Je craignais de me retrouver dans un monde où on ne parle que le français. Je suis écrivain francophone, j'aime ma langue ! Mais j'avais du mal à renoncer à cette habitude des langues étrangères. Alors j'ai choisi la Provence. Je n'y étais allée qu'enfant, donc c'est entièrement nouveau pour moi, ça reste exotique.

LA QUESTION :
Pourquoi cette personne dit-elle qu'elle a esquivé les risques liés à la réintégration de son pays d'origine ?

Question 106 – page 75
⇨ **Réponse : D**

Transcription

LE DOCUMENT SONORE :
Est-ce que les politiques ont bien compris que les Français n'ont plus confiance ? Est-ce que tous les politiques ont compris qu'on ne pouvait pas demander aux Français des efforts si on ne se les appliquait pas à soi-même ? Quelle cohérence y a-t-il quand on demande aux Français de faire des efforts sur les régimes des retraites et de cotiser plus, tandis que des députés disent : « Non, non, s'agissant des députés et des sénateurs, c'est autre chose, ça n'a rien à voir ». Ce n'est jamais agréable de devoir faire des sacrifices. Ce qui vaut pour les Français vaut aussi pour les représentants politiques. Quand on doit faire des efforts, ça crispe, bien évidemment. Mais c'est quoi le vrai danger pour la démocratie ? Ce n'est pas la démagogie. Moi, je pense qu'on est dans une crise de confiance grave et que les élus devraient montrer l'exemple.

LA QUESTION :
Que dénonce le journaliste ?

Question 107 – page 75
⇨ **Réponse : C**

Transcription

LE DOCUMENT SONORE :
Moi, j'ai vraiment le sentiment d'être devenue française à l'âge de 34 ans. Tant que je vivais en France, je ne me posais jamais la question de mon identité nationale. Mais pour tous les gens que j'ai rencontrés au Sénégal et pour ceux que je rencontre encore aujourd'hui à Atlanta, je suis avant tout française. Et il faut l'assumer cette identité, porter cette image parfois cliché de la France, accepter d'être associé à une image de la France qu'on n'a pas forcément envie de porter. C'est parfois désagréable, voire difficile. Cela dit, on finit par aimer les clichés parce qu'on ne peut pas y échapper, on finit par s'associer soi-même aux clichés de la France parce que les autres vous les renvoient, même si on n'y correspond pas tout à fait. Et puis c'est vrai que les expatriés français ici sont toujours en train de chercher une entrecôte, comme si finalement, même dans les choses les plus triviales, on essaye toujours de se raccrocher à des repères, à des madeleines de Proust alors que, bon, ici, à Atlanta, on n'est quand même pas si dépaysé que ça.

LA QUESTION :
Qu'est-ce que cette Française supportait mal au début de son expatriation ?

Question 108 – page 75
⇨ **Réponse : B**

Transcription

LE DOCUMENT SONORE :
Ici, je me sens coupable. Coupable de venir de France, coupable d'être une expatriée à la belle vie ici, de m'offrir le luxe de pensées libérales et révolutionnaires alors que je n'ai pas côtoyé au quotidien des régimes politiques tristement célèbres pour leur autoritarisme. Et je crois que c'est assez commun à beaucoup d'expatriés. Quand j'essayais d'expliquer à mes amis que tel penseur n'avait tué personne, ils me répondaient « oui mais moi mon père est allé en prison ». Forcément, dans ce cas-là, il n'y a rien à dire, il y a une puissance du vécu qui vous fait taire et qui l'emporte. Pour moi, c'est une découverte très puissante, j'ai vraiment l'impression d'avoir appris quelque chose à travers les personnes.

LA QUESTION :
À quoi se sont heurtées les convictions politiques de la personne qui témoigne ?

Question 109 – page 75
⇨ **Réponse : D**

Transcription

LE DOCUMENT SONORE :
On est face ici à une affaire d'État, qui pousse un chef de gouvernement à démissionner ! Ce n'est pas rien !
Mais nous dit-on, c'est le résultat de 3 ans de travail pour une centaine d'enquêteurs.

Corrigés

Moi j'attends quand même des choses un peu plus substantielles qui aillent au cœur de ce qui, à mon avis, mine la confiance dans les institutions démocratiques de notre pays, à savoir toute cette nébuleuse d'intérêts mélangés entre le monde politique et une partie du monde économique. Tous ces soi-disant entrepreneurs politiques, tous ces lobbying très influents qui sont liés à des affaires douteuses, avec de graves soupçons de détournements de fonds publics et autres… C'est ça, le vrai sujet !
Si, grâce à cette affaire, on se trouve au début d'un chapitre qui va nous permettre d'aborder ce sujet-là et d'établir des responsabilités effectives dans des affaires de ce type-là, c'est excellent. C'est quelque chose de très sain pour le pays. Maintenant, si cela s'arrête avec le départ du Premier ministre, ce sera très décevant.

LA QUESTION :
Que craint l'homme interviewé ?

Question 110 – page 76
➪ **Réponse : A**

Transcription

LE DOCUMENT SONORE :
Un projet artistique m'a beaucoup intéressé dernièrement. Une performance. Le projet s'appelait « amélioration » en français. C'était une sorte d'enquête… L'artiste a trouvé des SDF dans la rue d'une capitale européenne, les a invités dans une usine désaffectée en banlieue et avec l'aide de gens qui travaillent dans le cinéma, les a transformés en personnes issues de la classe moyenne idéale, comme on peut en voir dans les magazines de mode. Il y avait une styliste, un coiffeur, une maquilleuse. Les SDF faisaient la queue d'un côté et en ressortaient de l'autre côté, complètement propres et maquillés. C'était pour montrer l'hypocrisie, puisque finalement ce n'est qu'une question d'apparence, de façade. C'est une forme d'art engagé. Normalement, j'ai de gros doutes sur l'art engagé parce que l'art n'est plus du tout valable dans ce sens puisqu'il fait partie d'une économie. Mais là, l'artiste a essayé de creuser au-delà des choses en surface et de trouver des thèmes plus profonds.

LA QUESTION :
Sur quoi portait la performance évoquée par l'intervenant ?

Question 111 – page 77
➪ **Réponse : C**

Transcription

LE DOCUMENT SONORE :

Perçus comme une minorité qui s'adapte sans s'intégrer, les Chinois d'Algérie dont la présence est évaluée aujourd'hui à un nombre qui varie entre 10 000 et 100 000, suscitent des sentiments ambivalents, dans un rapport d'altérité quasi absolue dont l'emblème le plus significatif est sans doute, après la langue, la gastronomie. Ce sont pour la majeure partie d'entre eux des employés ou ex-employés des grandes entreprises de construction chinoise. Pour la plupart, ils sont arrivés dans le sillage du récent boom pétrolier qui a généré de considérables réserves de change elles-mêmes investies dans des chantiers d'infrastructures pharaoniques. Comme partout en Afrique, les entreprises chinoises ont raflé la plupart des marchés. L'un d'eux est la construction de l'autoroute est-ouest reliant le Maroc à la Tunisie, estimé à 9 milliards de dollars.

LA QUESTION :
Selon ce documentaire, quel regard la population porte-t-elle sur la présence de Chinois installés en Algérie ?

Question 112 – page 77
➪ **Réponse : A**

Transcription

LE DOCUMENT SONORE :
Un esprit chagrin s'était insurgé dans un magazine culturel que l'on puisse donner la parole à « ce gauchiste » depuis si longtemps sans que les « responsables » de la radio réagissent : ils l'ont fait. En conservant l'émission ! On ne remerciera jamais assez cet animateur trublion cathodique, subjectif et subversif pour ses émissions si contraires au ronron de tous ces journalistes bien en cour. Moi aussi je suis surpris chaque semaine de constater que l'antenne lui reste ouverte. Mais pourvu que ça dure… Je vous écoute depuis le début de vos émissions, pour cette manière de voir et d'appréhender les choses. Face aux émissions fades et édulcorées, vous avez été ma bouée de secours ! Merci !

LA QUESTION :
Quelle est l'opinion de l'intervenant sur l'homme de radio dont il parle ?

Questions 113 et 114 – page 77
➪ **Réponse : C** (question 113)
➪ **Réponse : C** (question 114)

Transcription

LE DOCUMENT SONORE :
Ah, là, sur cette photo, c'est mon père devant notre petite maison dans la banlieue de Lyon. Tout le monde me dit : « Tu es dur avec ton

père. » Pourquoi suis-je si critique ? Il avait des défauts. Mais il n'avait pas que des défauts. Je l'aimais pourtant. Et je suis tellement plein de sa présence même aujourd'hui. Pourquoi ai-je cette absence de reconnaissance ? Je parlais toujours de ma grand-mère, jamais de lui. Effectivement, ma grand-mère, c'est tout. C'était une petite bonne femme qui n'avait pas fait d'études mais qui s'intéressait à énormément de choses, ça allait des faits divers criminels aux romans les plus classiques. Elle ratissait large et du coup elle me faisait lire ou elle me lisait des livres. Et m'achetait tout ce que j'avais envie de lire. Du coup, ça m'a donné cette espèce de culture complètement disparate. Littéraire mais pas seulement. Ça m'a constitué. Mon imaginaire s'est nourri de toutes ces choses et puis aussi de cette fantaisie de ma grand-mère qui était vraiment un personnage à part, totalement excentrique. Quand je quittais le royaume de ma grand-mère, je retrouvais mes parents et notamment mon père que l'on pourrait appeler un bras cassé. Quelqu'un qui ne faisait que des bêtises dans la vie, qui n'était pas fiable et dont la petite affaire de chauffagiste a fait faillite. J'ai vu vendre tous les meubles de la maison. Ça m'a traumatisé durablement. Le reste de ma vie a été une revanche sur cette chose terrifiante. J'ai une expression pour parler de ma famille : c'étaient des éclopés de l'âme. Donc je voulais m'en sortir, quitter ce milieu. J'y suis arrivé par la littérature mais j'aurais tout aussi bien pu devenir un gangster ou un comédien célèbre. J'étais prêt à tout, en fait.

LA QUESTION 113 :
Quel épisode de sa vie semble laisser perplexe l'écrivain ?

LA QUESTION 114 :
À quoi attribue-t-il sa vocation ?

EXPRESSION ORALE / TEST BLANC N° 1

Question 1 de niveau A1
Vocabulaire pour une habitation
- J'habite dans une maison/un appartement
- Mon appartement se trouve…
- Il est…/Il y a…
- Par la fenêtre, je peux voir…
- Grand petit/joli/lumineux/sombre
- L'entrée/le couloir/la salle de bain/la cuisine (équipée)/le salon/la chambre/le bureau/la salle à manger/les toilettes
- Les meubles/une table/une chaise/un canapé/un fauteuil/un lit/une armoire/une douche/une télévision…
- Le jardin/à l'extérieur/à l'intérieur…

Question 2 de niveau A2
Vocabulaire pour parler d'une personne
- Une personne connue ou quelqu'un de ma famille ?
- Je vais parler de…
- Il est…/il a… C'est…
- Je le connais depuis…
- J'aime quand…/Je préfère…
- Quand il était enfant…
- Son physique/ses qualités/ses défauts…
- Sa façon de penser/s'habiller/parler/rire…
- Amusant/drôle/sérieux/intelligent/stupide

Question 3 de niveau B1
Exemples de questions
— À quelle adresse exactement est-ce que vous habitez ?
— Vous habitez là depuis longtemps ?
— Comment sont vos voisins ? Vous trouvez qu'ils sont sympathiques ? Quelle est la moyenne d'âge environ ?
— Est-ce que le quartier est calme ?
— Est-ce qu'on peut se reposer tranquillement dans le jardin le week-end ? Il n'y a pas trop de bruit ?
— Comment s'entendent les habitants du quartier ? Est-ce qu'il y a des soirées tous ensemble parfois ? À qui je pourrais m'adresser si je voulais en organiser une ?
— J'ai vu qu'il y avait des commerces. Est-ce vous faites vos courses chez les commerçants ? Pourquoi ?
— Mon fils doit aller au collège en centre-ville. Il y a des transports en commun (bus ou métro) pour y aller ? Est-ce que mon fils peut prendre seul le bus ou le métro ? Ou est-ce dangereux ? Vous-même, comment vous allez au centre-ville ?

Question 4 de niveau B2
Exemples d'avantages et d'inconvénients
Avantages :
- C'est un pays politiquement stable, démocratique, en situation de paix, où existe la liberté d'expression et où le taux de criminalité est assez faible.
- La France est à l'abri des grandes catastrophes naturelles (tsunami, tremblements de terre).
- C'est un pays riche qui offre à ses habitants un minimum de confort social.

Inconvénients :
- Le niveau de vie est élevé : la nourriture, les loyers, l'énergie… Tous les biens de première

nécessité sont chers. D'autant que, comme dans tous les pays riches, le mode de vie pousse à la surconsommation.
• Trouver un travail est difficile :
- le taux de chômage est assez élevé ;
- les emplois accessibles sans beaucoup de qualifications sont difficiles et mal rémunérés ;
- les employeurs exigent des diplômes français, le parcours professionnel des immigrés n'est souvent pas reconnu.
• Sans soutien d'une communauté, on est facilement isolé.

Question 5 de niveau C1
Exemples d'arguments pour et contre
Arguments pour :
• Les règles ne peuvent convenir à tous. Elles sont faites pour le bien d'une minorité qui a su les imposer à la majorité pour arriver à ses fins.
• Elles inhibent la créativité, uniformisent les pensées.
• En France, vous dites aussi que « les règles sont faites pour être contournées ». Si on les supprime, on supprime aussi les comportements déviants.

Arguments contre :
• On ne peut pas faire confiance à tout le monde.
• Les règles sont là pour défendre la majorité contre une minorité de la population.
• L'homme vit en société. Les règles permettent la survie de la communauté.
• Elles assurent un traitement égal à tous.
• On dit souvent que « la liberté de chacun s'arrête là où commence la liberté de l'autre ».
• Sans règle, il est difficile de savoir où commence la liberté de l'autre.

Question 6 de niveau C2
Exemples d'arguments pour et contre
Arguments pour :
• Un emménagement à l'étranger permet de prendre un nouveau départ :
- on change de lieu de vie mais aussi de travail, d'entourage ;
- il faut se constituer un nouveau réseau de connaissances, se créer de nouvelles habitudes que l'on peut définir en fonction de son projet de vie.
• On peut se comporter de manière différente, changer de style, de vie, dans un pays où personne ne nous connaît sans ressentir le poids du regard des autres (de la famille notamment).

Arguments contre :
• On emporte toujours son histoire avec soi. Il est illusoire de penser que parce que l'on change de décor, on change d'identité et de personnalité.
• Le comportement d'une personne est dicté par son histoire, pas par son lieu de vie.
• Avec les moyens de communication actuels, il est très facile de rester en contact avec sa famille, ses amis restés au pays. Les réseaux sociaux font que toute personne du passé peut toujours nous retrouver. À moins de changer d'identité, on n'échappe pas à son passé.

EXPRESSION ORALE / TEST BLANC N° 2

Question 1 de niveau A1
Vocabulaire pour parler d'un animal
• Je vais parler de…
• Mon animal préféré c'est…
• Un chien/un chat/un poisson rouge/un hamster/un cheval/un oiseau/un loup/un ours/un singe…
• Courir/jouer/manger/dormir/se promener/sortir/regarder…
• Intelligent/gentil/doux/sauvage/fort/grand/petit/mignon/beau/amusant…
• Des poils/des plumes/une peau…
• Gris/noir/blanc/marron/roux/rouge/jaune/vert…

Question 2 de niveau A2
Vocabulaire pour parler de son enfance
• Quand j'étais petit(e), je…
• J'habitais dans…
• J'aimais beaucoup…
• Jouer/aller à l'école/faire du sport/faire de la musique/aider/faire mes devoirs/rester à la maison…
• Le matin/la journée/le midi/le soir/le week-end/pendant les vacances…
• Ma famille/mon père/ma mère/mes frères/mes sœurs…

Question 3 de niveau B1
Exemples de questions
• Où est-il parti ? Pourquoi ?
• Où/Dans quelle ville habite-t-il ?
• A-t-il pu partir avec sa famille ? Est-il parti seul ?
• Est-ce qu'il est content de sa situation aujourd'hui ?
• Qu'est-ce qui lui manque le plus ?
• Restez-vous en contact régulièrement avec lui ?
• Comment vous faites ? Avec qui a-t-il le plus de contact ?

Corrigés

- Est-ce que ses enfants vont à l'école ? Comment s'est passée leur inscription ? Qui les aide dans leurs devoirs ?
- Comment a-t-il trouvé un logement ?
- Est-ce que ça a été facile de trouver un travail ?
- Quelles démarches a-t-il dû effectuer ?
- Vous savez s'il a pu rencontrer des gens du pays facilement ?
- Est-ce qu'il parlait la langue du pays avant de s'y installer ? Comment il l'a apprise ? Est-ce qu'il a trouvé ça difficile ?

Question 4 de niveau B2

Exemples d'effets positifs et négatifs

Effets positifs :

- Les enfants sont confrontés très tôt à deux cultures différentes. C'est le meilleur moyen d'éduquer des enfants ouverts d'esprit.
- Les enfants apprennent rapidement une autre langue, ce qui leur sera très utile dans leur vie adulte et leur permettra d'appendre plus facilement d'autres langues.
- Les enfants s'adaptent souvent beaucoup plus rapidement que les adultes et peuvent faciliter l'insertion de leurs parents (aide dans l'apprentissage de la langue, relations à avoir avec les enseignants et les autres parents d'élèves...).

Effets négatifs :

- Lorsque les cultures sont très différentes, les règles de vie de la maison et celles de la société peuvent entraîner des tensions entre parents et enfants, voire des conflits.
- Il est plus difficile de suivre la scolarité de son enfant si l'on ne maîtrise pas les codes de la société dans laquelle il vit, les références et la langue.
- Il est plus difficile de transmettre sa culture hors de la société qui la véhicule. L'enfant n'a que ses parents comme référence. En effet, la famille (grands-parents, oncles et tantes, cousins, etc.) qui aide les parents à transmettre les valeurs familiales est souvent absente.

Question 5 de niveau C1

Exemples d'arguments pour et contre

Arguments pour :

- Nous vivons dans une société de consommation qui prône la réussite sociale et attise des envies.
- Il est difficile d'aller contre la pensée collective.
- On ne peut pas se cacher que la qualité de vie de quelqu'un dépend de son niveau de vie.
- L'argent permet de simplifier de nombreuses situations et de se concentrer sur le reste.
- Le sujet ne précise pas s'il s'agit de richesse financière... Ceci étant, une vie riche en activités, en découvertes, en relations humaines, engendre tout autant le bonheur.

Arguments contre :

- On voit souvent des enquêtes concernant le bonheur et je ne me souviens pas avoir lu que la proportion de personnes heureuses augmentait avec leur salaire. Le bonheur, c'est une question de regard sur la vie.
- Le sujet ne précise pas s'il s'agit de richesse financière... Ceci étant, je ne pense pas qu'on soit plus heureux en étant riche de connaissances.
- La richesse attire les envieux, les personnes intéressées. J'ai tendance à penser que l'on doit se méfier plus de son entourage lorsqu'on est riche.

Question 6 de niveau C2

Exemples d'arguments pour et contre

Arguments pour :

- Si on entend par liberté la possibilité de prendre des décisions pour soi-même et d'être responsable de ses choix, alors oui, la majorité permet de découvrir la liberté.
- Tant que l'on est mineur, on ne peut prendre aucune décision légale, on doit subir les décisions prises pour nous par nos parents.
- Majeur, la société reconnaît notre liberté d'expression et de choix par le droit de vote, le droit de se marier, d'habiter seul, etc.

Arguments contre :

- L'âge de la majorité ne coïncide souvent plus avec celle de l'indépendance financière, or c'est cette dernière qui permet vraiment de quitter le nid familial pour construire sa propre vie.
- Si on entend par liberté le temps de l'insouciance, alors la liberté se vit avant la majorité, tant que les parents sont légalement responsables de nous et qu'ils prennent les décisions à notre place.
- Ce n'est pas parce qu'on a un jour de plus que l'on a suffisamment d'expérience pour profiter de cette liberté de choix. Les pressions familiales ou de son entourage, la société dans laquelle vit le nouvel adulte, sa situation financière, etc. seront toujours autant de barrières ou de freins à sa liberté. La liberté nécessite un apprentissage, elle ne se découvre pas du jour au lendemain.

Crédits Iconographiques

8		Chip Simmons/Taxi/GettyImages
42		Colin Hawkins/GettyImages
79		JupIterImages/GettyImages
81	md	Rcww, Inc./Corbis/Photononstop
81	hg	Maria Teijeiro/Ojo Images/Photononstop
84	bdb	Andrey Shadrin/Shutterstock
84	bdh	William Wang-Fotolia.com
84	bdm	Henri Ensio/Shutterstock
84	bgb	Laurin Rinder-Fotolia.com
84	bgh	Patrizia Tilly-Fotolia.com
84	bgm	Robert Kneschke-Fotolia.com
85	bd	Nick Dolding/Cultura/Photononstop
85	hg, md	Mauritius/Photononstop
85	mg	Lars Trangius/Johnër/Photononstop
87	1	Debout la République
87	2	Europe écologiste Les Verts
87	3	Front de Gauche
87	4	Lutte ouvrière
87	5	Mouvement Démocrate
87	6	NPA
87	7	UMP
87	8	PS
88	1	Eric Fougere/Corbis
88	2	Micheline Pelletier/Corbis
88	3	Ian Langsdon/Corbis
89		UniquelyIndia/Agefotostock

Crédits Audio

0	jingle	"Funky Frenzy", musique composée par Bruno Pilloix, Kosinus, KMusic/Kapagama.fr
98	piste 35	© radio cz, "Ski de fond : au cœur des 50 kilomètres des Monts Jizera avec 5 Français du Vercors", par Guillaume Narguet, 14/01/2013
99	piste 38	Émission "Bonjour l'Europe" du 08/05/2013, "Grèce : la solidarité familiale à l'épreuve de la crise" Radio France international, http://www.rfi.fr rfi
119	piste 70	Emission "Bonjour l'Europe' du 10/05/2013, L'Allemagne viellit et manque de main d'oeuvre qualifiée", Radio France International, http://www.rfi.fr rfi

Nous avons recherché en vain les éditeurs ou ayants droit de certaines illustrations reproduites dans ce livre. Leurs droits sont réservés aux Éditions Didier.

La vidéo et le CD audio pour bien se préparer au test :

▶ **sur le DVD,** 15 courts extraits très clairs présentant
- le déroulement des épreuves comme si vous y étiez
- des conseils pratiques sur l'attitude à adopter le jour des épreuves
- l'exemple de deux candidats filmés pour chaque type de questions

▶ **sur le CD,** tous les documents sonores correspondant aux questions de compréhension orale de l'ouvrage

---

Adaptation maquette intérieure et mise en page : **www.avisdepassage.net**
Illustrations : **Gabriel Rebufello**
Photogravure : **RVB photogravure**
Crédits CD audio : Enregistrements, montage et mixage : **Brodkast Studio/INIT Editions Productions**
Crédits DVD : Production exécutive : **INIT Editions Productions** © Editions Didier

«Le photocopillage, c'est l'usage abusif et collectif de la photocopie sans autorisation des auteurs et des éditeurs. Largement répandu dans les établissements d'enseignement, le photocopillage menace l'avenir du livre, car il met en danger son équilibre économique. Il prive les auteurs d'une juste rémunération. En dehors de l'usage privé du copiste, toute reproduction totale ou partielle de cet ouvrage est interdite.»

«La loi du 11 mars 1957 n'autorisant, aux termes des alinéas 2 et 3 de l'article 41, d'une part, que les copies ou reproductions strictement réservées à l'usage privé du copiste et non destinées à une utilisation collective» et, d'autre part, que les analyses et courtes citations dans un but d'exemple et d'illustrations, «toute représentation ou reproduction intégrale, ou partielle, faite sans le consentement de l'auteur ou de ses ayants droits ou ayants cause, est illicite.» (alinéa 1er de l'article 40) – «Cette représentation ou reproduction par quelque procédé que ce soit, constituerait donc une contrefaçon sanctionnée par les articles 425 et suivants du Code pénal.»

éditions didier s'engagent pour l'environnement en réduisant l'empreinte carbone de leurs livres. Celle de cet exemplaire est de : 800 g éq. CO_2
Rendez-vous sur www.editionsdidier-durable.fr

PAPIER À BASE DE FIBRES CERTIFIÉES

© Les Éditions Didier, Paris 2013 – ISBN 978-2-278-07685-7
Achevé d'imprimer en Espagne, en novembre 2015 par l'imprimerie Macrolibros
Dépôt légal : 7685/03